LES SOUVENIRS

D'UN

MOBILISÉ LILLOIS

(CAMPAGNE DE L'ARMÉE DU NORD, 1870-1871)

PAR

ALBERT DEVIENNE

LILLE
Typ. J. Petit, éditeur, rue Basse, 54
1872

Lille, imp. J. PETIT, rue Basse, 54.

Depuis tantôt deux années, il a été beaucoup parlé de la garde nationale mobilisée ; elle a été l'objet des calomnies les plus absurdes, des contes les plus fantastiques ont couru sur elle ; on a crié au martyre, à l'héroïsme, quelquefois même à la lâcheté, selon les besoins de la cause qu'on voulait défendre, et, maintenant encore, elle sert de prétexte à des discussions byzantines pour certaines gens, la plupart compromis dans nos récents désastres, et qui n'ont même pas la pudeur du silence.

Nous nous proposons, dans ces pages écrites au jour le jour après nos marches, de rétablir, si c'est possible, l'équilibre entre ces diverses appréciations passionnées. Nos lecteurs jugeront, d'après ce récit dont le seul mérite sera d'être fidèle, dut-il blesser certaines susceptibilités, si les mobilisés lillois ont failli un seul instant à leurs devoirs pendant la rude campagne d'hiver de l'armée du Nord.

A ce moment, il faut bien se garder de l'oublier, la France touchait à la crise suprême dont la triste issue faillit l'anéantir à jamais ; les armées impériales, grâce à la déplorable impéritie de leurs généraux en chef, avaient capitulé les une après les autres, et la peur de l'invasion rendait blèmes bon nombre de personnages qui, depuis, se sont particulièrement signalés par la violence de leurs attaques contre le gouvernement de la Défense nationale.

L'heure était suprême ; les perspicaces voyaient la cause perdue ; il ne restait plus qu'un espoir : sauver l'honneur du pays en organisant de toutes parts une patriotique résistance. C'est à ce but que se dévouèrent les combattants de la dernière heure, et ce but fut pleinement atteint. — L'Europe, qui depuis vingt ans méprisait sourdement la France impériale, fut forcée d'admirer, dans sa défaite, l'héroïsme de la France républicaine.

Si les bruits absurdes répandus sur les mobilisés dans les moments de luttes électorales, si les scandaleux débats du procès des marchés de la guerre, enrichis des cancans de certains journaux, n'avaient de nouveau contribué à jeter un fâcheux discrédit sur des citoyens qui ont fait leur devoir dans les temps d'épreuves et de défaillances, nous n'aurions, certes, jamais songé à tirer ces pages de l'oubli ; mais devant tant de parti pris persistant, nous considérons maintenant comme un devoir de réfuter, par des preuves, les calomnies lancées contre nos armées auxiliaires. Heureux, si nous avons pu réussir dans cette tâche, à donner quelques consolations aux pauvres mères qui pleurent leurs fils, tombés ignorés ou méprisés dans les perniers combats de l'invasion.

Nous n'avons pu, malgré de sérieuses recherches, connaître tous les incidents survenus dans chaque compagnie du régiment; nos chers compagnons d'armes voudront bien nous pardonner les nombreuses lacunes de ce travail, qui n'a d'autre prétention, du reste, que de retracer les souvenirs d'un mobilisé lillois.

Pour ce motif, un appel à l'indulgence des lecteurs nous paraît indispensable. En retour, nous lui promettons d'être intéressant le plus possible, de signaler les fautes commises dans la rapide organisation de l'armée auxiliaire et d'en indiquer en même temps les causes principales. Il n'est si faible voix qui ne puisse utilement être entendue dans ce moment suprême où le concours de tous à l'œuvre de régénération est indispensable. — Qui sait ? notre pauvre pays n'est peut-être pas à bout d'épreuves; et celles du passé ont déjà démontré suffisamment qu'il faut savoir désormais profiter de toutes les leçons de l'expérience. — A ce titre, ce livre pourra ne pas être inutile. A. D.

PREMIÈRE PARTIE.

PONT-NOYELLE.

15 décembre 1870.

Le 1er régiment de mobilisés partit de Lille le 15 décembre 1870, après un casernement de quinze jours à la nouvelle Préfecture. Ce régiment, composé de mobilisés de Lille et de la banlieue, comprenait environ 1,600 hommes, commandés par M. Loy, lieutenant colonel, et MM. Levézier, Dezwarte et Morazzani, chefs de bataillon. Il faisait partie de la 1re brigade de la 4e division, placée sous les ordres du général Robin.

En général, ces bataillons nouvellement organisés se distinguaient par leur bonne tenue. Le casernement rigoureux de la Préfecture avait donné aux hommes les premières notions de la vie militaire. L'armement était excellent, relativement à celui des autres légions; la municipalité de Lille ayant généreurement mis à la disposition des mobilisés, une certaine quantité de chassepots qui suffit à armer les trois bataillons. L'équipement était satisfaisant ; seul, l'habillement laissait à désirer sous plus d'un rapport. En somme, les mobilisés lillois partirent pleins de confiance ; les chefs, nommés par l'élection, possédaient généralement, à défaut de connaissances militaires, une certaine autorité morale. — Si quelques-uns, par la suite, abusèrent sottement de cette autorité, la plupart, au contraire, mirent jusqu'à la fin de la campagne le plus grand tact à faire exécuter leurs ordres et contribuèrent puissamment à alléger les souffrances du soldat.

Je me souviendrai toujours avec le plus vive émotion de ce départ de Lille. — Que d'amis, que de parents, que de mères surtout pleuraient en embrassant leur fils ! — Il faut le dire, les mobilisés avaient été recrutés généralement parmi les soutiens de famille, même les plus indispensables, alors qu'on laissait bien tranquillement chez eux, les jeunes gens qui avaient pris femme quelque temps avant, et même après le décret de mobilisation.

La première journée de marche fut pénible : les hommes, peu habitués à porter le sac, étaient chargés outre mesure des mille riens inutiles dont s'encombrent, au début, les soldats inexpérimentés.

Oh ! ce sac ! que de malédictions ai-je entendues contre lui ! Ayant fait la campagne comme sous-officier, j'ai pu apprécier par moi même tout ce qu'il a de pénible pour la marche. On ne peut se lasser de le demander aux hommes compétents : le sac est il indispensable en campagne ? Le soldat ne se battrait il pas mieux et ne ferait il pas plus facilement de longues traites s'il portait la couverture en sautoir et les menus objets d'habillement dans l'étui-musette ?

Si l'on objecte que nos vainqueurs ont le même fardeau à porter, je répondrai que pour les longs trajets, il est toujours placé dans des fourgons spéciaux qui suivent les bagages. — Quelle que soit la force et l'énergie d'un homme, quelle que soit son expérience de la vie militaire, il est impossible qu'il fasse, sac au dos, près de cent trente kilomètres, comme les mobilisés l'ont fait dans les quelques jours qui précédèrent et suivirent la bataille de St-Quentin, sans être exténué de fatigue et privé de la moitié de ses moyens.

Arrivés à Seclin vers midi nous en repartons après une halte de deux heures. Dès ce moment, une pluie diluvienne nous inonde et ne cesse de tomber jusqu'à notre arrivée à Carvin, Oignies, Courrière, etc , où les hommes sont logés par groupes de deux ou trois chez les habitants.

La réception de ces populations fut des plus cordiales. Chacun, pauvre ou riche, avait tenu à prodiguer à ses hôtes de quelques heures les marques de sympathies les plus vives. Nous n'avons point oublié et n'oublierons jamais, mon cher fourrier et moi, la réception hospitalière que nous reçûmes chez une famille d'artistes de Carvin. Ce souvenir est d'autant plus durable que, plus tard, il fallut bien souvent subir le contraire dans certains bourgs pourris par la démoralisation impériale, où les habitants gardaient pour l'ennemi ce qu'ils refusaient aux compatriotes qui combattaient pour eux.

Cette patriotique attitude de la population de Carvin et des environs ne se démentit jamais pendant la campagne. Les nombreux soldats de toute arme qui y furent cantonnés sont unanimes sur ce point.

16 décembre.

Vers une heure du matin, quelque temps seulement après notre coucher, le clairon résonne soudain dans la ville de Carvin ; les habitants se lèvent effarés, croyant à une attaque imprévue des Prussiens ; il n'en est rien et n'en pouvait rien être, heureusement : Ce réveil inusité, à pareille heure, est causé par l'arrivée d'une dépêche de Lille, donnant ordre au colonel de faire partir immédiatement une partie du régiment en avant d'Arras. On murmure un peu, on s'habille en se frottant les yeux, et se demandant si ce départ précipité ne signifie pas une prochaine rencontre avec l'ennemi. Bref, après avoir serré la main aux hospitaliers Carvinois, qui la plupart nous reconduisent jusqu'à la gare, nous montons en wagon, entassés les uns sur les autres, dans un train spécial préparé à la hâte.

A la gare d'Arras, où le train s'arrête, ordre est donné aux sergents-majors et fourriers de distribuer des cartouches. La nuit est obscure et ce n'est pas sans peine qu'ils parviennent à l'exécuter. Cette distribution de 160 cartouches par homme, faite à une telle heure (5 heures du matin) et dans un tel lieu, ne laisse pas que de causer une certaine impression sur la plupart des Lillois, qui eussent mieux aimé, assurément, une distribution d'eau-de-vie.

Peu à peu, l'aurore pâle, grisâtre, des jours de décembre, apparaît à notre grande satisfaction. « S'il faut essayer les cartouches, disent les plus déterminés, on verra au moins clair à la besogne. » Nous arrivons, vers huit heures, à Miraumont, dernière gare du Pas-de-Calais, laissée intacte par les uhlans qui infestent le pays.

La 1re compagnie du 1er bataillon, dite des volontaires, est désignée pour marcher en avant garde. Ces compagnies de volontaires que les Lillois ont vu manœuvrer longtemps avant le décret de mobilisation étaient singulièrement diminuées au jour du départ. Il n'y restait que ceux qui, sans ostentation et sans fanfaronnade, voulaient sérieusement combattre l'envahisseur. Les autres s'étaient hâtés de disparaître de la scène, dès que la comédie menaça de devenir tragique.

Après un quart d'heure d'arrêt, notre colonne composée du premier bataillon et de quelques compagnies du second, se met en route, ayant à sa tête, marchant à pied, le général Robin, que nous voyons de près pour la première fois. C'est un homme de haute taille, légèrement obèse, âgé d'environ quarante-cinq ans. Sa figure, assez insignifiante, est ornée d'une forte moustache, sur laquelle pendent légèrement des joues quelque peu rebondies.

L'air frais du matin dissipe peu à peu le malaise causé par l'insomnie ; on cause entre voisins, des Prussiens qu'on va tous exterminer, des flanchards qui seront punis par le blâme de leurs concitoyens, et de mille autres choses aussi naïves ; aussi cette première partie de la route se fait-elle assez gaiement. A Beaucourt, où nous faisons une courte halte, les paysans nous informent que quelques uhlans sont venus à plusieurs reprises dans la journée rendre une longue visite aux caves des débitants. Nous voici donc décidément en campagne ; adieu la bonne ville de Lille, adieu les joies et les soins de la famille ! il faudra dorénavant se suffire à soi-même, être tailleur ou cordonnier, au besoin, et manger des *ragoûts* improvisés qui feraient reculer d'horreur l'ennemi le plus acharné du baron Brisse.

A Aveluy, grande halte. Le premier soin de chacun, après la formation des faisceaux, est de se mettre en quête de vivres, chose très difficile à se procurer dans le pays. Cependant, quelques compagnies reçoivent un excellent accueil dans le château de Mme la marquise de Flechin.

Après une halte d'environ deux heures, nous nous remettons en route pour Albert, où nous arrivons à cinq heures du soir. Cette longue journée de marche, après une nuit d'insomnie, a exténué beaucoup d'hommes trop faibles pour supporter le poids du sac, considérablement augmenté, depuis Arras, par les 160 cartouches qu'on y a distribuées : un certain nombre moururent quelques jours après à l'hôpital d'Albert ; d'autres furent renvoyés dans leurs foyers.

Les compagnies sont logées dans les ateliers vides ou les estaminets les plus vastes qu'on peut trouver, et pour la première fois les Vatel de chaque escouade sont appelés à faire la *popote*, difficile opération où la critique devient souvent acerbe, lorsque le cuisinier ignore l'art de faire beaucoup avec peu de chose ou même avec rien.

17 Décembre.

La seconde moitié du régiment arrive le matin par le chemin de fer de Miraumont à Albert. Cette ligne, détruite par l'avant garde prussienne, a été rétablie à la hâte aussitôt notre passage ; nous constatons avec une vive satisfaction que notre arrivée a pu être déjà de quelque utilité pour le transport et le ravitaillement des troupes.

Les adjudants donnent aux chefs de compagnie l'état suivant de la solde à payer journellement à chaque homme :

<blockquote>

Sergent-major. . . . 1 fr. 08 c.

Sergent fourrier. . . » 70

Caporaux. . . . . . » 41

Clairon. . . . . . . » 35

Gardes. . . . . . . » 25

</blockquote>

Voici l'état de la solde des officiers :

Lieutenant colonel, 12 fr. 97 par jour, plus 1.000 fr. d'entrée en campagne.

Chefs de bataillon, 10 fr. 95 par jour, plus 3 rations ; 900 fr. d'entrée en campagne.

Capitaines, 6 fr. 94 par jour, plus deux rations ; 600 fr. d'entrée en campagne.

Lieutenants, 5 fr. 20 par jour, plus une ration et demie ; 400 fr. d'entrée en campagne.

Sous-lieutenants, 4 fr. 93 par jour, plus

une ration et demie par jour ; 400 fr. d'entrée en campagne.

Cet énorme écart entre la solde de l'officier et celle du soldat n'a pas été une des moindres fautes commises. Pendant les trois mois et demi de campagne de la mobilisée du Nord, les capitaines, par exemple, reçurent 1.338 fr. 77 c., et les simples gardes. 26 fr. 25. Ainsi le mois de solde d'un capitaine, y compris l'entrée en campagne, s'élevait à 382 fr. 51 c., soit la solde mensuelle de 51 gardes (382 fr. 50).

Certes, il y a eu là un gaspillage d'argent des plus regrettables. Que dans l'armée active, les officiers qui ont acquis leur grade par le savoir et les services rendus, jouissent d'une solde bien supérieure à celle du soldat, cela semble tout naturel ; mais ce fut un folie bien grande d'appliquer le même système à une armée de citoyens, tous également ignorants du métier des armes, où les grades avaient été donnés par camaraderie à des égaux, qui ne pouvaient, naturellement, mettre en avant ni savoir ni services rendus.

Nos officiers, dont le patriotisme était au-dessus de misérables questions pécuniaires, n'avaient pas besoin de cette solde exagérée pour faire leur devoir.

A midi, la cour martiale, présidée par M. Levézier, chef de bataillon, et composée d'officiers et sous officiers du régiment, s'assemble pour juger un homme du pays, accusé d'espionnage. C'est un repris de justice, nommé Sergent, marié et père de deux enfants. — Convaincu du crime dont on l'accuse, il est, après un court débat, condamné à la peine de mort.

On ne peut s'empêcher de frissonner lorsqu'on songe à cette justice expéditive des tribunaux militaires, où l'accusé n'a souvent même pas le temps de se défendre. Cependant, dans le cas dont il s'agit, la culpabilité de Sergent avait été depuis longtemps constatée par tous les habitants du pays. Cet homme, sous le prétexte de vendre du lait, du beurre et des fruits aux francs-tireurs cantonnés dans les environs, pratiquait, depuis quelque temps, un odieux espionnage qui avait coûté la vie à un certain nombre de nos malheureux soldats.

Il fut dénoncé, dit-on, par un officier prussien, fait prisonnier près d'Amiens, et indigné de cette infâme conduite. Si le fait est vrai, il faut avouer qu'il fut bien rare en son genre, car nos ennemis, passés maîtres en espionnage, ne montrèrent que fort peu la même délicatesse.

Dans la journée surviennent plusieurs alertes. Les paysans qui arrivent à Albert signalent la présence de cavaliers ennemis dans les alentours. Des reconnaissances sont faites de tous côtés par le régiment lillois et les voltigeurs du commandant Foutrein. — Disons en passant que ce bataillon formé à la hâte d'évadés de Metz et d'engagés volontaires, la plupart Belges, fut un des plus vaillants de l'armée du Nord.

Vers deux heures de l'après-midi, le colonel Brusley, commandant la brigade, passe en revue le régiment. C'est un ex-capitaine d'infanterie, d'une physionomie très sympathique.

18 décembre.

Le jugement rendu la veille contre l'espion Sergent est exécuté dans la matinée derrière la gare du chemin de fer. Un certain nombre d'habitants d'Albert, heureux d'être débarrassés de cet homme qui est la terreur du pays, assistent à l'exécution. Le condamné, escorté de quelques gendarmes et accompagné d'un aumônier que nous croyons être celui de la brigade, arrive vêtu d'une blouse bleue, d'un pantalon grisâtre et d'une casquette noire.

C'est un homme de moyenne taille, trapu, replet et d'une figure patibulaire digne de l'infâme métier qu'il exerçait auprès de l'ennemi.

Après la lecture du jugement et les formalités d'usage, il est adossé au mur d'une fabrique attenante à la gare et fusillé à quelques pas par un peloton des voltigeurs de Foutrein. Les balles ayant porté presque toutes à la tête, il est complètement défiguré. Après le coup de grâce réglementaire, le corps est enterré par quelques soldats dans une fosse creusée près du cimetière d'Albert.

Ainsi finit ce malheureux qui eut, hélas! tant d'imitateurs durant la guerre. Il fallait que le sens moral fût complètement disparu chez ces misérables pour qu'ils pussent ainsi, sans remords et sans honte, vendre à l'ennemi la vie de leurs compatriotes, qui se battaient pour protéger leur chaumière de l'invasion et de la ruine.

Le curieux de cette affaire, c'est que nul fonctionnaire, à Albert, ne voulait prendre sur lui d'ordonner l'arrestation de cet homme dangereux, tant on craignait les représailles, aussi haut placé qu'on fût. Il fallut l'arrivée du régiment et l'intervention des chefs, pour que l'on osât procéder à cette arrestation tant désirée par les habitants du pays.

Vers une heure, le clairon sonne l'assemblée. Ordre est venu de marcher en avant. Après une assez longue pause sur la place d'Albert, le régiment se dirige sur Bray en plusieurs colonnes. De cette ville, les deux compagnies de volontaires sont détachées à Chipilly, et trois autres du 1er bataillon, à Frise, près Péronne.

Le voyage de ces dernières compagnies

ne s'accomplit pas sans de grandes difficultés.

A Cappy, village situé entre Bray et Frise, tous les ponts de la Somme sont coupés. Il faut la traverser, armes et bagages, en plusieurs endroits, sur des madriers jetés d'une rive à l'autre. Ce passage dangereux exige de grandes précautions de la part du chef du détachement, le capitaine Hurel, un ancien soldat très estimé de tous ceux qui ont été sous ses ordres.

Après plusieurs heures employées à cette difficile traversée, où chaque homme poussait un cri de satisfaction lorsqu'il touchait l'autre rive, la colonne se remet en marche et rencontre au delà du village, vers dix heures du soir, trois individus à figures suspectes dont un est porteur d'un laisser-passer signé de l'état-major prussien. Un sous-lieutenant mène ces hommes à la mairie de Cappy avec ordre de les diriger sur Bray dès le lendemain matin. Le détachement, harassé de fatigue et mourant de faim, arrive à Frise vers onze heures du soir et, contrairement à nos craintes, les habitants se lèvent au premier appel et se font un devoir de nous offrir spontanément l'hospitalité sans la formalité des billets de logement. Un souper servi à la hâte, quelques bottes de paille préparées près d'un bon feu calment bientôt la faim et la fatigue. Peu après, chacun s'endort en pensant à la bonne ville de Lille, à ceux qu'il y a laissés.

19 décembre.

La nuit qui suivit l'arrivée du régiment à Bray fut marquée par un de ces tristes accidents, malheureusement inévitables parmi les jeunes troupes mises en campagne aussitôt leur formation. Vers une heure du matin, les chefs des grand'gardes, placées autour de la ville, entendent plusieurs coups de feu et font sonner l'alarme. Les soldats cantonnés dans les granges se lèvent à la hâte, malgré la fatigue excessive d'une journée de marche ; on se réunit au lieu d'assemblée, croyant à une attaque des Prussiens, qui ne sont pas bien loin, d'ailleurs. Bref, au bout de quelques heures d'attente, on apprend enfin qu'une sentinelle placée à l'extrémité de Bray, a été tuée malheureusement par quelques soldats du poste, qui se sont crus attaqués par l'ennemi. C'était un jeune homme du 3ᵉ bataillon, le nommé Scrive, très estimé et très regretté de tous ses camarades.

Ainsi qu'il arrive souvent, ce déplorable accident ne devait pas être le seul ; après l'alerte de la nuit, un caporal du 2ᵐᵉ bataillon, en rentrant dans son cantonnement, oublie d'ouvrir la batterie de son chassepot avant de le décharger, et se fait enlever la main en enfonçant la baguette dans le canon pour faire descendre la cartouche.

De Bray, le régiment fournit des grand'-gardes à Cappy, Froissy et quelques villages environnants.

Les mobilisés sont malheureux dans le pays, les vivres y sont hors de prix, surtout pour le soldat, qu'on exploite sans pitié. A ceux qui se plaignent de cette cherté exorbitante, certains débitants répondent qu'il faut bien vendre cher à ceux qui paient, puisqu'ils seront quelque jour obligés de tout livrer pour rien à l'ennemi. Cette façon nouvelle d'interpréter le patriotisme ne laissait pas que d'être fort gênante pour ceux dont la bourse peu garnie ne permettait pas de suppléer aux oublis réitérés de l'intendance.

Dès ce moment, le jeûne devint une habitude, en dépit des ordres successifs de l'état-major, dont voici un échantillon :

« Le colonel chef d'état-major commandant la 1re brigade rappelle à messieurs les chefs de détachements la stricte exécution des ordres déjà donnés par le général commandant la 2e division du 23e corps d'armée, que le service des vivres doit toujours être assuré la veille pour le lendemain, soit au moyen de vivres fournis par l'intendance, soit, à défaut, par des réquisitions signées du chef d'état major ou du détachement et accompagnées de bons réguliers. »

Les mobilisés cantonnés à Frise et Chipilly sont plus heureux que ceux de Bray.

Quel charmant pays, que Frise, et que ses habitants sont hospitaliers! Situé sur les bords de la Somme, au milieu de plaines marécageuses offrant une ressource suffisante aux pêcheurs qui forment la presque totalité de la population, il est abrité au midi et à l'ouest par de hautes collines qui le protègent contre les orages si désastreux dans le Santerre, distant seulement de quelques kilomètres. Le caractère des habitants s'harmonise singulièrement avec le calme dont la nature a favorisé ce beau petit coin de terre, un des plus pittoresques de la Somme. La réception qui nous y attendait est inénarrable. Chaque habitant se disputait les mobilisés lillois, avec la même ardeur qu'on mit à faire le contraire dans le plus grand nombre de localités parcourues. Je citerai comme exemple quelques commerçants qui, ayant déjà à héberger une certaine quantité de soldats, allèrent encore solliciter à la mairie pour en obtenir un plus grand nombre.

En général, d'ailleurs, à part quelques regrettables exceptions, tout le département de la Somme se fit remarquer, durant la campagne, par son ardent patriotisme. Nous sommes heureux de le constater et de rendre ici un juste hommage à de proches compatriotes qui ont tant souffert de l'invasion allemande.

20 décembre.

Quelques compagnies, de grand'garde à Froissy, sont attaquées vers dix heures du matin par un détachement de cuirassiers blancs. Cette entreprise de l'ennemi est vivement repoussée par les avant-postes.

Dans cette première affaire, il est constaté avec une grande inquiétude que les cartouches, de fabrication anglaise, délivrées avec profusion à Arras, sont trop petites pour le chassepot et ne présentent pas assez de résistance pour provoquer l'inflammation de la capsule. A Frise, les mobilisés, qui tiraillent de temps à autre contre les uhlans, font la même observation et, sur les plaintes de quelques sous-officiers, le commandant du détachement décide qu'il sera envoyé le soir même une réclamation à l'état-major.

A dix heures du matin, une messe militaire est chantée dans l'église de Frise, à la mémoire des mobiles du pays tombés à Villers-Bretonneux. Un fourrier du bataillon, M. Copreaux, y obtint un très vif succès de chanteur.

Quelques officiers, sous officiers et soldats, se présentent volontairement pour le voyage de Frise à Bray. Il s'agit de passer et de repasser encore les ponts improvisés de la Somme, et ce n'est pas amusant, sur des madriers couverts de neige et de glaçons. Enfin, après une vive alerte causée par quelques coups de feu tirés sur la route, nous arrivons à Bray sans plus d'encombre et trouvons sur la place le colonel Loy, accompagné de MM. Levézier et Deswartes, chefs de bataillon, et M. Pierre Legrand, préfet du Nord. Ces messieurs s'enquièrent du motif de notre voyage et nous font un accueil très sympathique. Après avoir pris connaissance de la réclamation écrite du commandant de Frise, M. Pierre Legrand, qui montra toujours beaucoup de sollicitude pour les mobilisés du Nord, voulut lui-même s'assurer du bien fondé de la plainte. Une cartouche essayée immédiatement dans mon chassepot lui permit de constater, avec nos officiers supérieurs, le défaut signalé dans la confection.

C'est à Bray, dans cette circonstance, que j'eus l'honneur de converser pour la première fois avec le préfet de la Défense nationale, tant calomnié depuis par la réaction, mais dont l'honorabilité, la loyauté et le patriotisme sont restés au-dessus de toute atteinte.

A Chipilly, le chef du détachement reçoit l'ordre de faire sauter un des ponts oubliés de la Somme. Cet officier, qui est architecte, exécute la chose dans les règles voulues; le seul beau côté de notre régiment, relativement à ceux de l'armée active, c'est qu'il possédait des hommes appartenant à toutes les classes de la société et de toutes professions. Il y avait des savants, des artistes, des ouvriers de tous corps d'états, et même des millionnaires ; il n'y manquait guère... mais à quoi bon le dire, puisque le temps des récriminations est passé.

A Bray, la cour martiale s'est assemblée à nouveau, la veille, pour procéder au jugement d'un franc-tireur nommé Touret, accusé de désertion devant l'ennemi, et de dissipation d'objets d'armement et d'équipement.

Condamné à mort après un court délibéré, cet homme est fusillé le 20 décembre, à huit heures du matin, par un peloton de francs tireurs appartenant à sa compagnie ; le régiment défile devant son cadavre, et cette vue cause une grande impression.

On discuta longtemps dans les cantonnements sur l'opportunité de cette condamnation capitale ; beaucoup de mobilisés trouvaient la peine trop sévère et peu proportionnée au délit. En somme, il faut se reporter à ces temps exceptionnels pour comprendre de telles sévérités, souvent indispensables.

21 décembre.

Les escarmouches se multiplient sur tous les points entre les mobilisés et les éclaireurs ennemis. On signale un corps de 25,000 Allemands à Montdidier. Le gros de l'armée française se dirige sur Amiens, d'où le général de Manteuffel marche en avant avec une armée considérable.

A Cappy, les mobilisés du 2ᵉ bataillon repoussent une reconnaissance de cuirassiers blancs et ramènent un prisonnier au quartier-général.

A Frise, les avant-postes sont attaqués par un détachement de uhlans qui apparaît vers onze heures du matin à l'endroit dit : La Croix-de-Pierre. Les trois compagnies se divisent en deux colonnes pour chasser l'ennemi qui laisse un des siens sur le terrain. C'est un grand garçon blond, bien découplé, qui paraît âgé d'une trentaine d'années. Une balle tirée de bas en haut l'a atteint au-dessous du menton. On voit que le régiment lillois gardait fidèlement les postes qui lui étaient confiés. « Je compte sur mes chers compatriotes, » avait dit le général Faidherbe dans un ordre daté d'Albert, « leur division complète notre réserve, protège notre aile droite et défend à notre gauche le passage de la Somme. J'ai pu juger de la discipline et du bon esprit des mobilisés lors de la revue que j'ai passée à Lille. »

C'est dans ces attaques souvent répétées qu'il nous était permis d'essayer une arme dont la plupart ignoraient le mécanisme. Beaucoup même n'avaient de leur vie tiré un seul coup de fusil, et défense était faite, sous les peines les plus sévères, de brûler des cartouches inutilement. Il me souvient toujours des lamentations d'un brave garçon de ma compagnie qui se plaignait amèrement de n'avoir pu *descendre* un uhlan à cause du mauvais état de son fusil. Vérification faite, nous reconnûmes, à notre grande hilarité, qu'il mettait sa cartouche à l'envers.

Si l'on demande pourquoi les chefs n'avaient pas appris ce détail essentiel à ceux qu'ils devaient mener au feu, je répondrai que cela avait été fait, mais, que dans la mobilisée comme dans l'armée active et dans toutes les armées du monde, il existait des intelligences rétives auxquelles il fallait nécessairement des démonstrations souvent répétées. Le temps manqua pour les faire.

Ces soldats de la dernière heure, tant calomniés, tant vilipendés depuis que le danger est passé, furent peut être les premiers qui durent essayer leur arme sur un ennemi victorieux. Les Lillois étaient privilégiés sous le rapport de l'armement, mais que dire des autres régiments, du 3ᵉ de marche, par exemple, mis en première ligne à Pont-Noyelles avec des fusils transformés, dont les calibres étaient inégaux et les bois très mauvais?

La déposition, dans le récent procès des marchés de la guerre, de M. Chas, ex chef de bataillon, donne une idée exacte du piteux état de cet armement :

« On nous avait d'abord donné des armes très défectueuses, dit il, mais nous ne devions pas faire campagne avec. On devait nous les changer à Lille. Lorsque j'ai demandé ces armes promises, le général nous a fait donner des chassepots, mais pour un seul bataillon. A Pont Noyelles, le bataillon de Seclin et celui de la Bassée, qui faisaient partie de mon régiment, avaient des armes défectueuses et déclarèrent ne pouvoir s'en servir. Le général Robin, à qui j'ai adressé des réclamations, m'a répondu : Je vous ai donné tout ce que j'avais. Si vous allez au feu, il vous faudra marcher à la baïonnette... »

Les précautions redoublent dans les avant-postes; le va-et-vient des troupes, les attaques simultanées des éclaireurs ennemis, semblent les signes précurseurs d'une prochaine bataille. Le commandant de Frise décide qu'une reconnaissance sera faite le lendemain à Curlu, village distant de quelques kilomètres, et sur les hauteurs duquel il sera facile, s'il y a lieu, d'observer de loin la marche de l'ennemi.

22 décembre.

Le village de Curlu, situé entre Frise et Maurepas, dans la direction de Bapaume, forme un des sites les plus beaux du pays. C'est de ce côté que nous partîmes en reconnaissance le matin du 22 décembre. Les habitants de Frise nous avaient indiqué Curlu comme pouvant offrir un moyen de retraite facile dans le cas d'une attaque sérieuse de l'ennemi. Au départ, nous contournons la seule plaine défrichable du pays appelée île de Frise, de ce qu'elle est entourée de tous côtés par la Somme. A l'extrémité de cet îlot, où le fleuve est très rapide, nous trouvons, à notre grande déception, tous les ponts coupés, et sommes forcés d'en improviser un en employant quelques morceaux de bois oubliés sur la route. Le peu de consistance des bords couverts de neige, les glaçons qui entourent les tronçons d'arbre dont il faut se servir, rendent cette opération difficile, enfin, après maints efforts, couronnés heureusement de succès, nous arrivons à Fargnies, hameau de Curlu, dans la propriété de M. Letellier de Curlu, qui nous fait un excellent accueil.

Après une halte d'une demi heure, nous nous disposons à regagner le cantonnement par la route de Vaux, sur les conseils de M. de Curlu, qui nous détourne de l'idée de repasser par Fargnies ; malheureusement, les ponts de Vaux ont été pareillement coupés dès le matin. Nous éprouvons alors à peu près les mêmes difficultés pour traverser le fleuve, mais il nous est donné d'admirer, de la montagne de Vaux, un des plus beaux panoramas qu'il soit possible de voir dans le nord de la France.

Après avoir constaté soigneusement qu'il ne se découvre rien d'anormal dans le vaste horizon qui s'offre à nos yeux, nous regagnons Frise sans autre incident.

Les nombreuses estafettes qui parcourent à tous instants les lignes françaises, les convois de munitions arrivant de tous points, le matériel d'ambulances, voitures, cacolets, qu'on dirige en avant de Bray, font présager de plus en plus l'imminence d'une collision avec l'ennemi.

Les chefs de compagnies donnent ordre aux sous officiers de vérifier l'état du fusil et des munitions de chaque homme. Défense est faite à tous, officiers et soldats des avant-postes, de prendre le moindre repos. Il faut être prêt à toute éventualité ; l'exemple de ce commandant d'armée, danseur de cotillons, qui oubliait parfois son artillerie, est une leçon qui n'est pas perdue pour nos chefs Jamais le moindre détachement de l'armée du Nord ne fut surpris, ce qui est un des plus beaux témoignages en faveur de son général.

Le commandant en chef aime à se rendre compte de tout par lui-même. Dans l'après-midi du 22 décembre, il arrive inopinément à Bray, accompagné seulement de quelques officiers d'ordonnance ; sa première visite est pour les avant-postes, afin de s'assurer s'ils sont installés avec soin. Il s'enquiert ensuite, auprès du colonel, des besoins du régiment, du nombre de ses malades, et termine sa visite par des instructions très minutieuses pour le lendemain.

Les cartouches anglaises, reconnues défectueuses par l'état-major, sont, à la grande satisfaction des mobilisés, remplacées par des cartouches de fabrication française. Les armes en mauvais état ont été améliorées par les armuriers de la compagnie hors rang. Bref, nous sommes prêts à faire face à toute éventualité.

23 décembre.

Vers onze heures du matin, une vive canonnade se fait entendre dans la direction d'Amiens ; c'est la bataille dite de Pont-Noyelle qui s'engage sur toute la ligne, depuis Daours jusqu'à Contay. Je laisse ici la parole au rapport officiel du général Faidherbe :

« L'armée avait pris depuis deux jours

ses cantonnements à Corbie et dans les villages espacés le long de la rive gauche d'un petit ruisseau, appelé l'Hallue, qui se jette dans la Somme à Daours. Elle avait choisi pour champ de bataille les hauteurs qui en bordent la rive gauche, laissant le soin de traverser le vallon à l'ennemi qui, venant d'Amiens, devait l'aborder en débouchant par la rive droite.

» Le général Faidherbe avait prescrit aux troupes de n'opposer qu'une légère résistance dans les villages avec quelques tirailleurs, et de se porter ensuite sur les positions dominantes en arrière. Cet ordre fut exécuté ponctuellement, et, vers onze heures, les deux armées étaient en présence, séparées par une vallée étroite mais marécageuse, et se canonnaient par-dessus les maisons en déployant de chaque côté 70 à 80 bouches à feu. Les tirailleurs ennemis, ayant pénétré dans les villages, échangeaient aussi des coups de feu avec les nôtres.

» Vers trois heures et demie, le feu de l'artillerie se trouvant ralenti de part et d'autre, ordre fut donné à notre infanterie de courir sus à l'ennemi pour le repousser des villages dans les positions en arrière. Cet ordre fut exécuté avec beaucoup de vigueur et d'entrain. A l'extrême gauche, la division Moulac enleva Daours et Vecquemont, la division du Bessol prit Pont-Noyelle et Querrieux, la division Robin, des mobilisés du Nord, entra dans le village de Béhencourt. Enfin la division Derroja, à la droite, se chargea des villages de Bavelincourt et Préhencourt, poursuivant l'ennemi bien au-delà.

» A cinq heures, le succès était complet partout, mais la nuit était venue, on ne distinguait plus les amis des ennemis, et les Prussiens profitèrent de cette circonstance pour rentrer sans lutte à Daours, à Querrieux et à Béhencourt.

» Nos troupes, ayant repris toutes leurs positions de la veille, y passèrent la nuit et y restèrent encore le lendemain jusque deux heures de l'après-midi, pour voir si l'ennemi essayerait de recommencer la lutte, ce qu'il ne fit pas. Quelques coups de fusil furent seulement échangés de loin. Après avoir ainsi constaté sa victoire, l'armée alla prendre ses cantonnements entre Corbie et Albert. Nos jeunes troupes ont beaucoup souffert de la rigueur de la saison et des privations inévitables dans de telles circonstances. Le pain qu'on leur a distribué sur le champ de bataille était gelé et non mangeable. »

Les pertes éprouvées à Pont-Noyelle s'élevèrent à

141 tués, dont 5 officiers,
905 blessés, dont 45 officiers.

Le 3e régiment de marche, mobilisés d'Armentières, Seclin et la Bassée, fut très éprouvé dans le combat sanglant de Béhencourt où il eut à lui seul :

22 soldats tués.
40 blessés, dont 5 officiers.

Un mois après, en m'échappant des mains de l'ennemi, je passai nuitamment dans ce village de Béhencourt à moitié détruit et désert. Le paysan qui me guidait me fit voir, près d'une grande ferme brûlée, un enclos encore barricadé à la façon prussienne. Là, dit il, j'ai relevé mourant un mobilisé de votre pays, mortellement blessé d'une balle dans la poitrine. La poche de sa tunique contenait un portrait de jeune fille et quelques lettres datées d'Armentières, dans lesquelles sa mère lui faisait part de l'anxiété que causait son absence et lui recommandait de prendre bien soin de lui.

J'essuyai une larme en pensant à ces pauvres compagnons tombés ignorés, à ces pauvres mères condamnées au deuil éternel, sans avoir même eu la consolation de s'entendre dire comme aux mères spartiates : « Votre fils, mort pour la patrie, a fait son devoir ! »

Le soir de la bataille de Pont-Noyelle, à neuf heures environ, un des rares cavaliers de l'armée du Nord vient transmettre aux chefs des détachements de Frise et Chipilly, l'ordre de se replier immédiatement sur Bray. Avant le départ, distribution est faite à chaque homme de cartouches de fabrication française. Les habitants de Frise, dont la touchante hospitalité ne s'est pas démentie un seul instant, nous accompagnent jusqu'au bout du village.

Après une halte très longue à Cappy, causée par la difficulté de franchir le pont improvisé sur la Somme, nous arrivons, vers une heure du matin, à Bray, où nul ne peut trouver à coucher, tant les granges et les maisons sont pleines de troupes.

24 décembre.

Le régiment, rassemblé sans sonnerie à cinq heures du matin, est divisé en plusieurs colonnes afin de faire des reconnaissances dans les environs. Une partie du 1er bataillon est dirigée vers Suzanne avec ordre de camper sur les bords des marais de la Somme, d'où il sera permis, s'il y a lieu, d'observer de très loin la marche des troupes ennemies.

Le froid qui est intense se fait d'autant plus sentir que la plupart des estomacs sont vides depuis la veille Après plusieurs heures de stationnement sans résultat, la colonne se replie sur Bray où l'on forme les faisceaux ; un détachement de marins vient d'y arriver ; ces hommes, qui se sont battus héroïquement la veille à Pont-Noyelles, sont encore noirs de poudre et de poussière ; leur fatigue et telle que beaucoup s'endorment sur la chaussée, malgré la défense de leurs chefs. Quelques-uns partagent généreusement avec les plus affamés d'entre nous un peu de pain qu'on leur a distribué.

Vers deux heures de l'après midi, la retraite de l'armée commence sur toute la ligne. Les troupes sont dirigées vers Arras et Douai, pour prendre leurs cantonnements à Fampoux, Rœux, Vitry, Brebières, Corbehem, Oppy, Esquerchin, etc. A quatre heures, ordre est donné au régiment de partir immédiatement dans la direction de Bapaume. Les vivres font absolument défaut, et ceux qui n'ont pu s'en procurer à prix d'argent sont déjà malades d'inanition. Des murmures se font entendre, mais ils sont aussitôt réprimés par les chefs, et surtout par la voix du patriotisme qui prévalut toujours au milieu des plus grandes privations. La retraite de Pont-Noyelles s'opère dans ces tristes conditions, retraite malheureuse pour le régiment qui y fit des pertes assez sensibles.

De Bray, nous partons à travers champs et un peu au hasard, vers la route de Doullens à Péronne, par Maricourt. Les sillons sont gelés fortement, et leurs aspérités causent une vive douleur aux pieds ensanglantés par le mauvais état des chaussures, dont la plupart sont percées à jour au milieu de la semelle.

A l'endroit dit : l'Arbre de Carnoy, le colonel Brusley, qui dirige la colonne, ordonne un arrêt pour consulter l'état-major sur la direction à prendre. Le sous-lieutenant Lesert, du 1er bataillon, connaissant le pays, s'offre de conduire le régiment à Bapaume par le plus court chemin. Cette offre acceptée, nous arrivons bientôt par un chemin creux dans le village de Carnoy. Défense est faite aux soldats de fumer et de parler dans les rangs. Cette seconde défense était au moins inutile ; quelle que soit la loquacité d'un homme, il est certain qu'il la perdra sûrement lorsque son estomac est vide, qu'il porte depuis longtemps un poids de quinze kilogrammes, et n'a que la perspective de coups de fusil pour se reposer ou se restaurer.

De Carnoy, nous arrivons à Longueval où les habitants, de leur fenêtre, nous regardent passer dans la nuit noire avec une certaine curiosité mêlée de crainte. Nous traversons ensuite les villages de Lesbœufs et Ligny-Tilloy, et arrivons enfin à Bapaume vers minuit.

Durant cette marche forcée, par une nuit des plus froides et des plus obscures, chaque compagnie perdit un ou deux hommes qui durent entrer dans les hôpitaux ou s'en retourner malades dans leurs foyers. Les plus épuisés tombaient çà et là sur le bord de la route et quelques-uns, que l'arrière-garde ne put ramasser, moururent de froid, de fatigue et de faim.

L'hôpital de Bapaume reçut cette nuit-là un certain nombre de mobilisés. Huit jours après, lors de la bataille qui se livra les 2 et 3 janvier autour de la ville, un obus français, lancé maladroitement sur l'hôpital, tue ou blesse quelques convalescents.

A Bapaume, quelques hommes, en attendant la désignation de leurs cantonnements, se couchent sur les trottoirs couverts de neige ; il faut beaucoup d'insistance de la part des chefs pour les faire lever et suivre leurs camarades. Une petite distribution de pain faite par quelques habitants est saluée par des cris de joie.

Les compagnies de Frise n'ayant pu trouver à coucher ni à manger la veille, à Bray, les hommes ont donc été l'espace de 42 heures sans repos et sans vivres; la distance parcourue dans ces conditions est de 45 kilomètres.

25 décembre.

Le régiment, entré la veille à Bapaume vers minuit, en part à cinq heures du matin. A la jonction des routes d'Arras et d'Achiet, une halte est ordonnée pour attendre les retardataires. Quelques uns arrivent clopin-clopant ; beaucoup d'autres restent dans la ville, tant leur fatigue est excessive. La colonne se remet en marche après une demi-heure d'arrêt et traverse les villages de Sapignies, Behagnies, Ervillers et Hamelincourt où devaient se livrer, huit jours plus tard, les plus sanglants combats des journées de Bapaume.

A Boyelle, grande halte. Nous allons prendre un peu de repos et nous mettre en quête de victuailles, les vivres continuant à faire défaut depuis trois jours. Ce village, bien situé, paraît posséder quelques usines d'une certaine importance ; ses habitants sont affables ; de pauvres ouvriers apportent ce qu'ils peuvent de pain avec une spontanéité dont nous sommes vraiment touchés.

Après un séjour d'environ deux heures à Boyelles, on sonne le départ. Au sortir du village, le cheval du colonel Brusley glisse et tombe sur le chemin couvert de neige et fait à son cavalier une lésion à la jambe droite. Cette blessure, en apparence légère, nécessita dès le lendemain le transport à l'hôpital d'Arras du colonel Brusley, très regretté par la suite des mobilisés lillois.

Sur la route, nous traversons Boiry et Agny, villages de peu d'importance, et arrivons enfin à Achicourt où, à la grande joie de tous, on fait une distribution de vivres.

Jamais chef-d'œuvre culinaire préparé dans nos meilleurs restaurants n'a fait éprouver à l'estomac le plaisir que lui procure en ce cas une tranche de bœuf coriace tout bonnement enfumée sur un feu de paille de colza. Il est vraiment curieux de voir, après plusieurs jours de privations, l'aspect d'une escouade assistant à la répartition des vivres. Tous les regards sont rivés sur le distributeur, qui serait houspillé de la belle façon, s'il se trompait de quelques atômes en faveur de l'un ou de l'autre. Dans ces distributions de vivres comme dans le coucher des hommes, le rôle du caporal est d'une grande importance; de son zèle, de son intelligence, dépendent souvent le bien être de l'escouade.

Il est assez regrettable que le soldat ne soit pas toujours astreint à saluer le caporal comme ses autres supérieurs. Cette marque de déférence ne pourrait qu'augmenter le respect dû à ce chef immédiat dont la responsabilité est très grande, surtout en campagne.

Quelques compagnies, malgré leurs fatigues, fêtent le jour de Noël par quelques libations inaccoutumées. Plusieurs chanteurs de mérite y obtiennent un vif succès; une pièce de vers intitulée : *La Fête de Noël*, de M. Manso, poëte lillois, est déclamée par un sous-officier qui vient de la recevoir d'un compatriote arrivé à l'instant. J'en extrais les passages les plus applaudis :

Allemands, c'est demain la fête de famille,
C'est fête sur la terre et fête dans le ciel.
C'est demain le repas, près de l'âtre qui brille,
 Allemands, c'est demain Noël...

L'hiver humide et froid a remplacé l'automne ;
Nous, les républicains calmes et convaincus,
Navrés, nous écoutons l'airain qui gronde et tonne,
Les cris vainqueurs mêlés au râle des vaincus.

Nous sommes attristés d'avoir à vous combattre ;
Nous qui voudrions voir tous les peuples unis ;
Nous n'avions rien senti de haineux en nous battre,
Avant que nos foyers ne fussent envahis.

Vous êtes sans pitié, nous serons implacables,
Ou lasse des soldats, mais non des citoyens ;
De tout le sang versé vous serez responsables,
Nous vous résisterons, qu'importent les moyens.

Nous puiserons l'ardeur dans le patriotisme,
L'honneur nous apprendra le mépris des dangers;
Vous êtes, à cette heure, agents du despotisme ;
Nous, défenseurs du droit... les rôles sont changés.

Marchez, luttez, tombez pour le rêve d'un homme,
Allemands, votre sang par lui n'est pas compté ;
En roulant sur le sol, criez : Vive Guillaume !
En tombant nous crions : Vive la liberté !

26 décembre.

L'espoir que nous avions conçu la veille en arrivant à Achicourt de pouvoir entrer dans Arras le lendemain, se dissipe au matin, quand vient l'ordre de partir immédiatement vers Arleux-en-Gohelle. Que de beaux rêves nous avions faits la nuit sur nos plumes de six pieds! Revoir une ville avec ses habitants, ses... habitantes, ses lumières, son va-et-vient qui est la vie pour les citadins, ses hôtels et ses gargottes où l'on mange dans des assiettes, ou l'on boit dans des verres!... Revoir tout cela, ce ne pouvait être qu'un rêve!

En sortant d'Achicourt, nous tournons, au son du clairon, cette ville d'Arras, terre promise où nombre d'entre nous ne pénétreront plus. Les monuments de la ville se dessinent dans le ciel gris et neigeux ; au loin nous distinguons l'antique cathédrale, les églises de Saint Jean-Baptiste et Saint-Géry, la chapelle des Bénédictines, le Palais de Justice, l'Hôtel de Ville, et tout cela serre le cœur.

Mais à la guerre comme à la guerre, finissons-nous par dire en manière de consolation, et, moitié de dépit, moitié d'insouciance, nous entonnons la marche du régiment, dont voici le premier couplet :

Beau général auxiliaire,
Je suis, ma foi,
Quand mes Lillois marchent derrière,
Plus fier qu'un roi.
Je leur parle de la colonne
En paladin,
Et défend qu'aucun ne braconne
Filles ou vin.
Et zim boum boum, ra pa, ra pa ta boum,
C'est moi qui suis le général Boum-Boum. (Bis.)

Que le lecteur dilettante n'aille pas croire que l'exécution de ce chant de marche laissât le moins du monde à désirer, ce serait une grave erreur. Il se convaincra d'ailleurs de l'excellence de son interprétation, lorsqu'il saura que les solis étaient chantés par plusieurs premiers prix du Conservatoire de Lille, et que deux virtuoses distingués, lauréats du Conservatoire de Paris, avaient la direction de cet orphéon improvisé. Aussi les populations émerveillées, enthousiasmées sur notre passage, s'empressaient-elles généralement de sortir de leurs maisons hospitalières pour... en fermer plus soigneusement les volets!

A Boiry, un aumônier qui suit la colonne distribue à quelques officiers et sous-officiers de petites sommes d'argent, destinées aux plus nécessiteux de leurs compagnies.

A Bailleul, grand village de belle apparence, les faisceaux sont formés, pour prendre un peu de repos et de nourriture. C'est jour de prêt, aussi les cabarets de l'endroit sont-ils en butte à un assaut formidable.

Vers cinq heures du soir, le régiment arrive à Arleux en Gohelle. Bien que ce dernier village soit peu éloigné du lieu de départ, le lieutenant colonel, dont les informations géographiques laissent à désirer, a trouvé moyen de nous faire marcher toute la journée pour nous remettre des fatigues de la retraite de Pont-Noyelles.

Nous sommes cantonnés dans les granges les plus vastes du village, de façon à ce que l'effectif des compagnies soit groupé le plus possible. Trois bottes de paille, dont une en travers pour oreiller, la couverture par dessus, tel est le lit ordinaire en campagne; la ceinture de flanelle entourant moitié la tête moitié le cou, voici pour la toilette de nuit. La faculté de quitter ses chaussures devient de plus en plus rare et les loustics, qui sont loin de manquer au régiment, assurent que bientôt les chaussures nous quitteront elles-mêmes.

27 décembre 1870.

Suivant décision du chef de corps, les compagnies de la banlieue qui forment les dernières de chaque bataillon, sont versées dans les compagnies lilloises pour en compléter l'effectif. Cette excellente mesure, appliquée généralement dans toutes les légions de l'armée auxiliaire, eut pour principal avantage de resserrer de plus en plus les liens qui unissaient campagnards et citadins pour la défense du territoire.

Cette union, longtemps traitée d'utopie par nombre de pessimistes, se fortifia pendant nos marches; les longs jours de privations, de fatigues, de misères, soufferts en commun, les causeries, les discussions du cantonnement, dessillèrent enfin les yeux des moins clairvoyants et nos compagnons nouveaux finirent par se ranger à l'avis commun, lorsqu'on leur présenta les causes de l'invasion et de la ruine du pays. Pour la première fois, le mot de République fut accueilli sans effroi par nos frères de la campagne, et Dieu sait si, depuis, le mot a fait du chemin. C'est là une source de consolation et d'espérance; la République ne peut se fonder que par l'union de tous, et cette union grandit de jour en jour. Je suis de ceux qui, même à l'heure de nos plus grands abaissements, n'ont jamais désespéré du salut de la France; son rôle providentiel ne peut être annihilé par les revers d'un combat ni par les surprises d'un aventurier; aussi les jours d'épreuves ont ils été souvent pour elle des précurseurs de gloire et de prospérité.

Les leçons de l'expérience nous ont démontré suffisamment que de l'union des villes et des campagnes dépend désormais le bonheur du pays; le succès de la triste épopée impériale n'a-t il pas été causé par l'étrange antipathie qui exista durant vingt années entre les citadins et les campagnards ?... Profitons donc de la leçon dernière et unissons-nous, unissons-nous à jamais, car de notre union, de notre concorde dépend la grandeur de la patrie !

Je reprends mon récit : Dans l'après-midi, le lieutenant colonel donne avis aux chefs de compagnies qu'un convoi de tabac, expédié par M. Pierre Legrand pour le 1er régiment de marche, vient d'arriver à Arleux. Cette nouvelle est accueillie avec un extrême plaisir par la plupart d'entre nous dont la solde journalière ne permettait pas d'aborder le tabac hors de prix du Pas-de-Calais.

On ne saurait croire ce que la pipe a de consolant pour ceux qui sont exposés aux privations de nourriture et de repos. Quelques bouffées de tabac tiennent souvent lieu d'un repas et atténuent singulièrement la longueur des marches.

Ce jour-là, nous sommes rejoints par les derniers retardataires, éclopppés légèrement dans la retraite de Bray ; ils viennent des environs de Bapaume, où l'on signale l'arrivée des Prussiens. En général, il y eut fort peu de défections dans le régiment lillois. C'est à peine si chaque compagnie put en constater quelques unes à la fin de la campagne.

La discipline devient sévère, quelques sous officiers ont été cassés récemment pour de légères infractions à leur service. Dans le rapport de ce jour, les chefs de compagnies sont priés de dresser une liste des sous officiers et caporaux qui ne remplissent pas convenablement leurs devoirs, et de mettre en regard le nom des caporaux ou gardes, susceptibles de remplacer ceux qui seraient destitués.

Les factions aux faisceaux et les corvées sont faites par les hommes punis.

A quatre heures du soir, départ d'Arleux-en-Gohelle pour Quéry Lamotte, où le régiment arrive vers sept heures, après avoir traversé le village d'Izel-les-Esquerchin.

La réception des habitants d'Arleux a été très affectueuse.

28 décembre.

Nous sommes depuis la veille cantonnés dans les granges et les maisons de Quiéry-Lamotte. Dans l'une de ces dernières, où nous campons au nombre de huit, une jeune fille d'environ vingt ans, remarquablement belle, est étendue sur une chaise, la tête sur un oreiller. La pauvre enfant se meurt de la poitrine ; la coloration de ses joues, la pâleur de son front, la fébrilité de son regard en sont les sûrs indices. Elle nous regarde avec une sorte de crainte, et semble nous reprocher de ne pas la laisser mourir en repos.

C'est encore là un des côtés tristes de la guerre. Plus de tranquillité pour le paysan à l'approche des armées ; sa cabane, ses champs, ses granges qui recèlent la moisson, ce pain de l'année, sont à la merci, selon les hasards des combats, des amis et des ennemis qui s'y succèdent. La sainteté du foyer, le repos de la famille sont troublés chaque jour par le premier venu qui s'installe insolemment à la meilleure place. Il faut tout livrer à l'ennemi, au nom du droit du plus fort, et tout offrir à l'ami, au nom du patriotisme.

O guerre, terrible épée de Damoclès qui longtemps encore sera suspendue sur nos têtes et celles de nos enfants, chaîne pesante et barbare que l'humanité traîne péniblement après elle et que les immenses progrès accomplis n'ont pu faire disparaître! Quand donc seras-tu brisée? Quand donc, chaque peuple, gouverné par la liberté et la justice, verra-t-il dans son voisin non plus un ennemi naturel, mais un ami, souffrant des mêmes maux, sujet aux mêmes misères, bercé par les mêmes espérances, et n'ayant qu'à gagner en bien-être et indépendance dans cette sainte union qu'on nomme la fraternité!

A midi, le général Robin, commandant la division, passe en revue le régiment dans la principale rue du village. Après avoir adressé les compliments d'usage au colonel sur la bonne tenue de sa troupe, le général fait aux premières compagnies une petite allocution annonçant une prochaine bataille « où les Lillois pourront montrer aux Allemands s'ils sont encore les dignes fils de 92 ; nous feront fuir l'ennemi, dit-il en terminant comme une bande de moineaux. »

Malgré ces éloges prématurés, exprimés comme on le voit avec un choix d'expression des plus heureux, l'accueil que reçoit le général Robin est glacial.

On prévoit déjà combien le peu de sympathie qu'il inspire au général en chef aura d'influence sur le jugement que ce dernier portera plus tard sur les mobilisés, quels que soient leurs services. Le récit des batailles de Bapaume et Saint-Quentin, dans la brochure de M. le général Faidherbe, a pleinement justifié ces craintes.

Dans l'après midi, le bataillon des mobiles du Gard traverse le village pour se rendre dans un cantonnement voisin. Rien de triste comme l'aspect de ces soldats sans discipline, sans ordre, vêtus de haillons multicolores et équipés misérablement. Ce régiment fut pour l'armée du Nord une grande gêne, et pour les villages où il fut cantonné, une source de nombreuses vexations.

Pour la dixième fois au moins, les sergents-majors sont prévenus que ceux qui ne rendront pas leur situation journalière à sept heures du soir, seront cassés sans rémission. Il y avait bien quelquefois impossibilité matérielle d'exécuter cet injonction, mais cela importait peu en haut lieu.

Le soir de Bapaume, un sergent-major du 1er bataillon écrivit et remit, en plein champ de bataille, sa situation à l'adjudant; celui-ci rit sous cape en se rappelant les menaces qu'il avait dû faire par ordre quelques jours auparavant. Adjudants et sergents majors étaient d'ailleurs faits pour se comprendre, car i's étaient les têtes de turcs sur lesquelles, durant toute la campagne, certains chefs essayèrent journellement la puissance de leur commandement.

29 décembre.

A la grande joie des habitants généralement pauvres de Quiéry-Lamotte, nous partons du village vers deux heures de l'après-midi, pour aller prendre nos cantonnements à quelques kilomètres plus loin, à Izel-les-Esquer-chin.

Des éclaireurs ennemis sont signalés autour d'Arras où ils réquisitionnent avec une audace inouïe.

Ce jour là, 29 décembre, entre Arras et Douai, un bataillon de mobilisés du Pas-de-Calais, non-incorporé à l'armée du Nord, avait deux compagnies à Carency, deux à Ablain Saint-Nazaire et quatre à Souchez, défendant ainsi la ligne du chemin de fer entre Arras et Béthune contre les excursions des éclaireurs ennemis.

Dans ces divers cantonnements, aucun poste ne fut établi, aucune patrouille ne fut organisée pour en surveiller les approches. On va voir les conséquences de cette imprévoyance. Vers midi, quinze uhlans, venant d'Aubigny, entrèrent à Carency et jetèrent une telle panique dans les deux compagnies qui s'y trouvaient, que tous les hommes prirent la fuite. Quarante furent pris, alignés la face contre un mur, et laissés à la garde de deux cavaliers prussiens. Les officiers, qui n'avaient pas encore terminé leur déjeuner, s'esquivèrent sans chercher à se rendre compte de ce qui avait pu produire une semblable débandade.

Les treize autres uhlans se rendirent à Ablain-Saint Nazaire. Le chef de bataillon sortit de son logement et se dirigea vers le centre du village : il ne restait plus un homme des deux compagnies, tous avaient fui à travers champs du côté d'Aix-Noulette après avoir jeté armes et bagages. Le commandant ne reparut plus.

A deux heures, on battait le rappel à Souchez pour rassembler les quatre compagnies logées dans cette commune. Une demi heure après elles étaient sous les armes, rangées en bataille sur la route d'Arras à Béthune ; les officiers étaient à l'auberge du *Cheval Blanc*, à quelques pas de leurs compagnies. Le bruit se répandit tout à coup que deux mille Prussiens arrivaient et aussitôt nos treize uhlans débouchent en tirant deux ou trois coups de pistolet en l'air. Les hommes fuient par toutes les issues ; une partie traversent la cour du *Cheval Blanc* et gagnent la campagne. Les officiers qui se trouvaient dans cette maison n'ont fait, dit-on, aucun effort pour les retenir et ont suivi le même chemin, courant les uns dans la direction de Lens, les autres dans celle de Vimy.

Les treize uhlans ramassèrent environ cent prisonniers dans le village. Les sergents Merlin et Nary et un simple mobilisé, dont le nom est resté inconnu, ont seuls montré quelque énergie. Ces trois hommes voulaient faire feu avec des revolvers qu'ils portaient sur eux ; ils en furent empêchés par leur capitaine.

En résumé, sur 750 hommes formant l'effectif de ce bataillon, 15 uhlans en ont emmené environ 140 en dispersant tous les autres. Ces mobilisés, il est vrai, avaient été imprudemment laissés sans cartouches ; mais si l'on considère qu'à Souchez, par exemple, il y avait 390 baïonnettes françaises contre 13 lances allemandes, on sera convaincu que si les officiers avaient été à la tête de leurs troupes, au lieu d'être au cabaret, on n'aurait pas à signaler ce fait honteux et heureusement sans précédent dans notre histoire.

A Izel-les-Esquerchin, distribution est

faite à chaque escouade d'une pioche et d'une pelle qui ajoutent encore au poids du sac. Est-ce pour enterrer les morts à la prochaine bataille ? se demande on avec une certaine émotion. La distribution de ces divers objets et les paroles prononcées par le général Robin à la revue de Quiéry-Lamotte nous confirment dans la prévision d'une rencontre avec l'ennemi.

Une centaine de paires de souliers arrivent le même jour de Lille, pour être délivrées à ceux des hommes qui en sont complètement dépourvus. Quelques-uns d'entre eux, déjà incapables de marcher, tant est grande l'enflure de leurs pieds, ont voulu quand même suivre le régiment sur les chariots affectés aux bagages.

30 décembre.

Le régiment, rassemblé à six heures du matin, se met en marche peu après, pour assister à la revue que le général en chef doit passer à Gavrelle dans la matinée. Par suite de renseignements inexacts sur l'itinéraire à parcourir, le lieutenant-colonel nous fait faire inutilement, plusieurs kilomètres, en passant par les villages de Neuvireuil et Oppy, au lieu de prendre directement par Fresnes-lès-Montauban. Ce détour inutile nous fait arriver en retard au lieu d'assemblée.

Une partie de l'armée du Nord assiste à cette revue avec le matériel et le personnel des ambulances. Ces troupes jeunes et de formation récente, ont cependant un aspect solide. Le général Faidherbe passe rapidement devant le front du corps d'armée. Sa tenue est des plus simples, il a le corps courbé, presque affaissé, sur un petit cheval arabe ; sa tête est couverte d'un capuchon de couleur sombre, qui lui cache presque entièrement la figure. Lorsqu'il passe devant le régiment lillois, quelques acclamations l'accueillent.

On peut dire sans crainte de contradiction qu'aucun général ne fut aussi populaire dans la dernière campagne. Le proverbe : *Nul n'est prophète en son pays*, tombe certainement à faux devant cette popularité sans égale.

Dans un temps de justes défiances, alors que tous les officiers généraux, suspects de trahison ou d'incapacité, essayaient en vain de lutter contre la vindicte publique, lui seul, réunissant toutes les sympathies, sut former une armée solide avec des éléments hétérogènes, et résister héroïquement aux masses ennemies, en arrêtant leur marche victorieuse sur nos contrées.

Aussi le général Faidherbe a-t il conservé, en dépit du temps écoulé depuis la campagne du Nord, une popularité sans pareille dans sa ville natale. On aime surtout en lui l'homme qui a su rester au-dessus de toutes les intrigues, de toutes les bassesses écœurantes, si communes aux fonctionnaires du régime tombé dans la boue sanglante de Sedan.

Ami de la liberté, de la justice, ennemi des excès, des réactions rétrogrades, des passions exagérées, qui, de quelque côté qu'elles se fassent jour, entraînent inévitablement la guerre civile après elles, le chef de l'armée du Nord est, de tous les généraux de la défense nationale, le seul dont les mérites réels n'aient pas été discutés. C'est là certainement son plus beau titre de gloire, car celui-ci est la preuve indéniable que son honnêteté politique est à la hauteur de ses talents militaires.

A midi, retour du régiment à Izel-lès-Esquerchin, en passant cette fois par Fresnes-lès-Montauban, ce qui abrège de beaucoup la route. En avant de nous, le général Lecointe à la tête de sa division, balaye les environs d'Arras, infestés par les uhlans et les cuirassiers blancs, qui depuis longtemps viennent faire des réquisitions jusque dans les faubourgs.

Un certain nombre de malades sont déjà à la suite du régiment. Le chef de corps décide que chaque matin tous les hommes malades, désirant des exemptions de service ou des billets d'hôpital, devront se présenter à la visite du médecin major, visite qui aura lieu une demi heure avant le rapport.

Par un arrêté du général en chef, le régiment fait maintenant partie de la 1re brigade de la 2e division du 23e corps.

31 décembre.

A sept heures du matin, le régiment se met en marche et reprend la même direction que la veille, en passant par Fresnes-lès-Montauban. Sur la grand'route de Gavrelles à Arras, les faisceaux sont formés et permission est donnée d'allumer des feux, afin de faire dégeler le pain. Presque toute l'armée du Nord défile devant nous : infanterie, chasseurs, les braves marins de la division Moulac, l'artillerie de ligne et de mobile, et enfin les mobiles lillois du 48e régiment, auxquels nous faisons une ovation des plus chaleureuses. C'était un curieux spectacle : on s'embrassait, on se serrait la main en causant de la bonne ville de Lille, des parents, des amis qu'on y avait laissés. Le 48e de mobiles avait déjà parmi nous une réputation de bravoure qui ne s'est jamais démentie. Solides comme de vieilles troupes, ses bataillons s'étaient particulièrement distingués aux batailles de Villers-Bretonneux et Pont Noyelle.

Dans cette dernière, ils avaient enlevé à l'ennemi le village de Daours, après un combat acharné. A Villers-Bretonneux, ils avaient lutté courageusement pendant toute une journée, contre des forces écrasantes, avec les détachements des 75° et 43° de ligne, du 2° régiment d'infanterie de marine, de quelques bataillons de chasseurs, du 15° d'artillerie ; en tout 8,000 français contre 25,000 allemands.

M. le comte de Brigode, qui commandait un bataillon du 48° de mobiles, avait sous ses ordres, comme capitaine, son fils âgé de 25 ans. Au milieu de la lutte de Villers, le comte de Brigode indique à son fils une position qu'il s'agit de défendre. Le brave capitaine y court et tombe quelques instants après, frappé d'une balle en pleine poitrine. Le malheureux père ne voulut pas remettre le commandement de son bataillon, ainsi qu'on l'en priait dès la funeste nouvelle; il continua de combattre jusqu'au soir. Ce n'est qu'après avoir assuré la retraite de son bataillon, qu'il dit : *Maintenant je puis pleurer mon fils.*

J'aurai plus tard dans ce récit, l'occasion de rappeler quelques brillants faits d'armes du 48° de mobiles, avec lequel notre régiment vécut toujours en parfaite confraternité.

Le défilé de tout le corps d'armée terminé, le régiment reçoit l'ordre de mettre sac au dos et de marcher en avant d'Arras. Nous traversons St-Laurent-Blangy, grand village aux constructions élégantes, et arrivons à Saint-Sauveur, faubourg d'Arras. Il est écrit là-haut, au livre des destins, que nous n'entrerons pas dans Arras. Cette ville, pas plus que le faubourg Saint-Sauveur, ne peut nous recevoir. On nous dirige alors sur le faubourg Ronville, afin d'y prendre nos cantonnements dans les maisons dont la plupart sont abandonnées par leurs habitants. Ceux qu'on y rencontre semblent nous regarder d'un air inquiet que justifie bien, d'ailleurs, leur triste position. Les débitants font merveille : l'un d'eux qui réclame pour un verre de rhum la bagatelle de 40 centimes, a maille à partir avec quelques mobilisés, qui lui infligent publiquement une qualification bien méritée ; sur sa réponse qu'il aimerait mieux avoir les Prussiens chez lui, on le fait enlever aussitôt par quatre hommes et amener au quartier-général.

En somme, l'opinion des mobilisés et des nombreux amis qui vinrent leur rendre visite le lendemain fut que les habitants de Ronville n'avaient rien de commun avec les montagnards écossais...... de la *Dame blanche*.

DEUXIÈME PARTIE.

BAPAUME.

XIX.

1ᵉʳ janvier 1871.

Ce fut jour de liesse pour les mobilisés lillois que celui du 1ᵉʳ janvier 1871. Des compatriotes, partis le matin par le seul train qui restât de Lille à Arras, arrivaient par groupes nombreux au cantonnement, apportant, les uns des encouragements qui étaient les bien-venus, les autres, des espèces sonnantes, qui l'étaient mieux encore.

Aucun voyageur, je vous l'assure, n'avait la poche vide ; le moins chargé l'était déjà fort convenablement et ressemblait quelque peu à un colporteur de village. Les lettres étaient surtout nombreuses, car nos correspondants savaient que l'administration des Postes avait pris l'habitude de ne faire parvenir leurs missives que quinze jours ou trois semaines après leur depôt.

J'ai conservé précieusement une de ces

lettres, trouvée sur notre camarade B..., mort le surlendemain à Bapaume. Je transcris ici un de ses passages les plus intéressants :

« Je profite, cher ami, du voyage de M. L... pour te faire parvenir plus sûrement, mes meilleurs souhaits de renouvellement d'année. Il est douteux que ton plaisir soit bien grand dans les pays perdus que tu parcours sans cesse en marches et contremarches; que n'est-tu resté à Lille, où l'on s'amuse plus que jamais !

» Rien de curieux, mon cher, comme notre bonne ville en ce moment; partout des chants et des festins dignes de Lucullus; chaque nuit le champagne coule à flots à l'Eldorado, aux Variétés, à la Taverne Allemande, et les héros de ces fêtes font *florès* au milieu des petites dames qui y pullulent de plus en plus. Les uns portent un brillant uniforme à brandebourgs, galonné sur toutes les coutures ; d'autres, plus modestes, sont parés du simple képi et de la tunique à passepoils rouges; d'autres enfin, comme l'officier de Malboroug, ne portent rien du tout. Ce spectacle, je te le répète, est très amusant.

» Quoique tu en dises dans ta dernière lettre, les jeunes gens valides ne manquent pas à Lille. Voici la liste à peu près exacte de ceux qui y sont restés en dépit de la levée en masse :

Fils d'étrangers, nés à Lille. .   3.000

Mobiles et mobilisés recueillis dans les corps sédentaires.	800
Employés dans les bureaux civils et militaires.	550
Exemptés comme fournisseurs de canons, d'affûts, de caissons, d'objets d'équipement, d'habillement et d'armement.	280
Réformés pour myopie, palpitations, etc.	140
Divers.	230
Total. . . .	5.000

Y compris ton serviteur, qui vient de se faire immobiliser avec le titre de membre des ambulances honoraires. Entre nous, j'ai choisi cet emploi, de préférence à beaucoup d'autres, parce qu'il présente l'avantage de faire conférer inévitablement, après la campagne, la décoration internationale de Genève. Il faut toujours être prévoyant en toutes choses. Que ne l'as tu été, mon cher B.., nous aurions encore le plaisir de te posséder au milieu de nous. »

N'est-ce pas que cette lettre curieuse vaut la peine d'être conservée pour servir de document à ceux qui entreprendront un jour l'histoire de la guerre de 1870-71 ?

A midi, il faut se séparer des visiteurs. Le clairon résonne dans la longue rue de Ronville. Nous partons au Petit-Bapaume pour y remplacer le 48ᵉ de mobiles qui marche en avant. Les hommes sont cantonnés dans des granges malsaines où la paille manque.

L'entrée dans Arras, rigoureusement interdite aux soldats, est permise aux officiers, sous condition de rentrer au cantonnement sitôt la fermeture des portes de la ville. Quelques officiers abusèrent à tel point de cette permission, qu'ils ne reparurent plus au régiment.

2 janvier.

La nuit a été très froide, aussi les hommes ont-ils bien peu dormi dans les granges ouvertes à tous les vents où ils avaient été jetés pêle mêle, sans autre souci de leur santé.

A cinq heures du matin, le réveil est sonné. Peu après, nous marchons sur Bapaume.

A Beaurain, grand bourg distant de quelques kilomètres d'Arras, les trois bataillons se séparent sur l'ordre du général Robin qui se trouve à l'extrémité du village avec son état major. Les 2e et 3e bataillons sont dirigés sur Mory, le 1er bataillon prend la direction d'Ecoust Saint-Mein, en passant par Hénin-sur-Cojeul et Croisilles, où les habitants offrent des vivres et des rafraîchissements à profusion.

En sortant de ce village, le bataillon se

déploie en tirailleurs ; peu après, la canonnade, qui s'entend au loin, indique le commencement d'un sérieux combat ; en effet, c'est la bataille de Bapaume qui s'engage.

« La 2ᵉ division, dit le général Faidherbe dans son livre sur la campagne de l'armée du Nord, se porta promptement vers Achiet-le-Grand, occupé par 2,000 hommes et 3 pièces de canon qui furent délogés après un vif combat, chassés ensuite de Behacourt et poursuivis jusqu'aux environs de Bapaume.

» Cette affaire, où l'ennemi éprouva des pertes considérables et laissa entre nos mains une cinquantaine de prisonniers, dont un officier, nous coûta une cinquantaine de tués et blessés.

» Pendant ce temps, la 1ʳᵉ division du 22ᵉ corps, commandée par le capitaine de vaisseau Payen, qui avec succédé à l'amiral Moulac avec le titre de général de l'armée auxiliaire, avait traversé sans obstacle les villages de Boyelles et Ervillers, sur la grande route de Bapaume, qu'elle devait suivre, et, en sortant d'Ervillers, elle avait été informée que l'ennemi occupait le village de Behagnies, position très forte. Les paysans assuraient qu'il était en petit nombre ; l'avant-garde, formée par le 19ᵉ bataillon de chasseurs et une section d'artillerie, commença l'attaque. Elle fut repoussée par un feu violent de mousqueterie et d'artillerie. Toutes les troupes de la division, déjà disposées pour soutenir l'attaque, prirent alors part au combat livré à des forces plus considérables qu'on ne l'avait cru et qui dura tout l'après-midi avec une grande violence. Nos troupes parvinrent à pénétrer dans les premières maisons du village, mais les tentatives pour le tourner par la gauche n'ayant pu aboutir, en présence de la cavalerie nombreuse dont l'ennemi disposait et qui ne trouva pas devant elle d'infanterie aguerrie, elles ne purent s'y maintenir et, soutenues par le feu des réserves et de l'artillerie, elles revinrent à Ervillers où elles s'établirent pour la nuit sans être inquiétées.

» Le concours de la 2ᵉ division (mobilisés) du général Robin aurait changé la face du combat si, conformément aux ordres qu'elle avait reçus, elle s'était portée plus tôt en ligne. »

En effet, la 2ᵉ brigade des mobilisés n'arrivait point; l'éloignement de son cantonnement avant le 1ᵉʳ janvier, était sans doute le principal motif de ce fâcheux retard. Le mauvais état des chaussures distribuées à nos régiments était aussi une des causes de la lenteur des marches.

Quoi qu'il en soit, le régiment lillois, les voltigeurs de Foutrein, les batteries du Finistère et de la Seine-Inférieure étaient à leur poste de combat. La preuve la plus indiscutable, c'est qu'une partie de ces troupes s'emparèrent du village de Mory où, dit le général Faidherbe, « leur présence ne fut pas sans effet utile sur la contenance de l'ennemi. »

En quittant Beaurain, les 2ᵉ et 3ᵉ bataillons marchent à travers champs sur le village de Mory qu'ils ont ordre de prendre. Le bataillon des voltigeurs mobilisés de Foutrein, parti en avant garde sur Ecoust-Saint-Mein, les a devancés d'une heure environ dans cette direction ; sur le plateau de Favreuil, il est attaqué à l'improviste par tout un régiment prussien. L'affaire fut chaude et la conduite des voltigeurs admirable. Le commandant Foutrein, à la tête de ses hommes, fit une héroïque résistance aux forces supérieures qu'il avait devant lui, puis se replia en bon ordre sur Ecoust-Saint-Mein, laissant sur le terrain 53 hommes tués et ramenant un un grand nombre de blessés dans le village, où le général Robin achevait de déjeuner, en compagnie de quelques officiers supérieurs.

Peu après ce combat, les deux bataillons lillois étant parvenus à deux kilomètres de Mory, le 3ᵉ reçut l'ordre de rester en observation pendant que le 2ᵉ marcherait en avant. Cette fois le général Robin prend le commandement de la colonne d'attaque. Marchant en tête du 2ᵉ bataillon, il s'avance jusqu'à environ deux cents mètres de Mory, dont il compte s'emparer sans résistance; en vain le commandant Dezwarte veut envoyer sa première compagnie en reconnaissance, le général prétend que cela est inutile, les voltigeurs de Foutrein ayant, assure-t-il, passé à Mory le matin ; c'était là une grande erreur puisque, comme on l'a vu plus haut, les voltigeurs s'étaient dirigés sur Ecoust St-Mein. Cette erreur faillit coûter cher au 2ᵉ bataillon. A cent mètres environ du village, une vive fusillade l'accueille sans qu'il soit possible de distinguer où se cachent les assaillants. De là, un moment d'hésitation très compréhensible : les hommes se couchent ou se mettent à genoux pour éviter la grêle de balles qui siffle au-dessus de leur tête ; le général Robin descend de cheval et donne ordre aux chefs de se relever et de mettre leurs hommes en bataille. Un officier, M. Henry Hay, est resté debout en tête de sa compagnie ; il brandit son revolver et crie : En avant ! Le commandant Dezwarte, intrépide jusqu'à la témérité, reste à cheval malgré les supplications de ses officiers, servant de but aux Prussiens embusqués qui tirent sur lui des feux de peloton ; c'est alors qu'un tout jeune homme, M. Jules Farinaux, interprète du général Robin, est frappé à ses côtés d'une balle en pleine poitrine.

La courageuse attitude du commandant

Dezwarte en impose à tous, officiers et soldats qui, se relevant à sa voix, enlèvent impétueusement le village à la baïonnette. L'ennemi, pris à l'improviste par cette *furia*, se retire précipitamment, poursuivi par une vive fusillade, dans la direction de Béhagnies.

Le 3ᵉ bataillon entre une demi heure après dans Mory. Le commandant de ce bataillon, M. Morazzani, avait fait demander, à plusieurs reprises, la permission de tourner les Prussiens par la gauche, afin de leur couper la retraite et de les placer entre deux feux convergents ; cette autorisation fut refusée opiniâtrement, et le bataillon dut rester dans cette inaction forcée pour satisfaire au bon plaisir du général.

Les deux bataillons réunis s'établirent sur le champ de bataille où ils passèrent la nuit sans être autrement inquiétés. Le 4ᵉ régiment de marche les avaient rejoints dans la soirée.

Les nombreux blessés, voltigeurs et mobilisés, transportés dans les maisons d'Ecoust Saint-Mein et Mory, furent pansés immédiatement par le docteur Huidiez, médecin-major du régiment, qui fit preuve, cette nuit-là, d'un grand dévouement ; ce dévouement, je dois le constater, ne se démentit point pendant toute la campagne où, malades et blessés, n'eurent qu'à se louer de son zèle et de son urbanité.

Le 1er bataillon qui, de Croisilles, a continué sa marche en tirailleurs dans la direction de Béhagnies, est accompagné de la batterie des mobiles du Finistère. Vers la fin de la journée, à une portée de fusil de Beugnâtre, son artillerie canonne vivement l'ennemi qui fuit de Mory, poursuivi par une partie du 2e bataillon. La nuit venue, la colonne se replie sur le village d'Ecoust-Saint-Mein, où elle passe la nuit.

Vers onze heures du soir, l'armée prussienne quitte furtivement les villages de Sapignies et de Béhagnies, et prend position à Favreuil et Beugnâtre. Au loin, quelques incendies projettent leur lueur sinistre sur la campagne déserte.

3 janvier.

Cinq heures sonnent à peine que déjà les bataillons sont sur pied à Mory et Ecoust-Saint-Mein. On se met en marche dans le plus grand silence et défense est faite d'allumer des feux qui pourraient nous trahir.. En sortant du village d'Ecoust-St-Mein, le 1er bataillon est abordé par un détachement d'éclaireurs ennemis qui déchargent à bout portant quelques coups de revolver sur la tête de la colonne; l'obscurité est telle qu'on a grand'peine à distinguer ces ombres équestres fuyant avec une rapidité extrême. On tire un peu au hasard et l'un de ces uhlans est blessé. Dans la selle de son cheval, ramené à Ecoust-Saint Mein, on trouve mille riens inutiles, entr'autres plusieurs mouchoirs brodés, un bonnet de femme et une robe d'enfant. Ce reître avait laissé sans doute dans quelque coin de sa patrie allemande une Gretchen préférée, à qui étaient destinés ces petits présents.

La colonne continue sa route et rejoint bientôt les deux autres bataillons qui arrivent de Mory.

Tous les régiments de mobilisés du Nord formant les deux brigades de la division Robin, attendent, l'arme au pied, sur le plateau en avant d'Ecoust-Saint-Mein, la place assignée pour le combat.

A six heures, une reconnaissance faite par la division Du Bessol constate l'évacuation par l'ennemi des villages d'Ervillers et Behagnies. En même temps que cette division attaque Biefvillers, la division Payen attaque Favreuil.

« Les deux villages, dit le général Faidherbe, furent défendus par l'ennemi avec une grande opiniâtreté. Le combat fut surtout acharné à Biefvillers, qui ne fut enlevé qu'après plusieurs retours offensifs et après avoir été tourné vers la gauche par les troupes du général Du Bessol, pendant que le général Derroja appuyait l'attaque sur la droite en enlevant vivement Grevillers.

»Nous trouvâmes le village de Biefvillers et la route qui conduit à Avesnes couverts de morts et de blessés prussiens ; les maisons d'Avesnes en étaient remplies et un grand nombre de prisonniers restèrent entre nos mains.

»L'artillerie postée entre les deux villages eut à soutenir une lutte terrible contre l'artillerie que l'ennemi avait accumulée près de Bapaume, sur la route d'Albert. Enfin les batteries des capitaines Collignon, Bocquillon et Goin parvinrent, non sans dommages, à éteindre le feu de l'ennemi, et toute la ligne s'avance sur Bapaume. Le petit village d'Avesnes avait été enlevé au pas de course par la 1re division. Une tête de colonne de la 2e division, emportée par son ardeur, se jeta en même temps sur le faubourg d'Arras, mais s'arrêta à l'entrée de la ville.

» Une vaste esplanade avec des fossés à moitié comblés, remplaçait les anciens remparts de la place, présentant des obstacles sérieux à la marche de l'assaillant, qui restait exposé au feu des murs et des maisons crénelées par l'ennemi. Il eut fallu, pour le déloger, détruire avec de l'artillerie les abris où il s'était établi, extrémité bien dure quand il s'agit d'une ville française, et à laquelle le général en chef ne put se résigner, ne tenant pas essentiellement à la possession de Bapaume. Pendant ce temps, le général Lecointe apprit que le village de Tilloy, qui débordait notre droite, était occupé par l'ennemi et qu'une colonne prussienne, avec de l'artillerie, s'avançait de ce côté sur la route d'Albert. Il fallait s'opposer à cette tentative de nous tourner par notre droite. La brigade du colonel Pittié fut immédiatement portée sur le village de Tilloy, qu'elle enleva malgré la plus vive résistance et où elle se maintint. Sur la gauche, le général Paulze d'Ivoy n'eût pas moins de succès contre le village de Favreuil.

» La division Robin, restée en grande partie en arrière, continue le général Faidherbe, fut remplacée par deux bataillons de la 2ᵉ brigade de la division Payen, auquel se joignit seulement un bataillon de voltigeurs de mobilisés, pour l'attaque de gauche, tandis que la brigade du colonel de La Grange attaquait de front. Ces troupes forcèrent ensemble les barricades de l'ennemi et s'emparèrent de toutes ses positions. »

J'ouvre ici une parenthèse pour faire remarquer que le général en chef a été insuffisamment renseigné sur ce point. Une grande partie de la division Robin avait, en effet, au milieu du combat, fait un mouvement de recul très accentué, mais le 1ᵉʳ régiment, sans rompre d'une semelle, était resté à son poste. Il entra vers sept heures du soir, à la suite des voltigeurs de Foutrein, dans le village de Beugnâtre, pris à l'ennemi. Je tenais à souligner préalablement ce fait, car il intéresse l'honneur de 1,500 citoyens qui ont fait leur devoir dans les deux sanglantes journées de Bapaume.

« On était donc victorieux sur toute la ligne à la nuit tombante ; le combat ne se prolongea plus que faiblement sur l'extrême droite où l'ennemi s'efforçait de se maintenir dans le village de Ligny. On passa la nuit dans les villages conquis sur l'ennemi ; le général Faidherbe aurait pu y établir les troupes pour quelques jours, mais ces villages étaient encombrés de morts et de blessés. Des retours offensifs étaient possibles à si petite distance d'Amiens où l'ennemi avait encore des forces ; on apprenait d'ailleurs que l'attaque de Péronne avait été suspendue, que l'artillerie assiégeante avait été retirée de devant la place, et que le 31 décembre et le 1ᵉʳ janvier, pas un coup de canon n'avait été tiré sur la ville ; mais on ne sut pas que le 2, quelques pièces placées sur la rive gauche avaient recommencé le feu ; alors prenant en considération les fatigues des troupes et le froid extrêmement rigoureux qu'elles avaient à supporter, le général en chef résolut de prendre ses cantonnements à quelques kilomètres en arrière, en remettant à quelques jours la marche sur Péronne, si elle redevenait nécessaire.

» Notre succès sous Bapaume a occasionné à l'ennemi des pertes très considérables. Les renseignements qui nous sont parvenus portent à plusieurs milliers le nombre de ses morts et de ses blessés ; une partie des troupes qui avaient pris part à la bataille s'était même débandée et dirigée en désordre sur Amiens. Dans un ordre du jour du général Van Gœben, reproduit par les journaux allemands et anglais, le général donne l'ordre aux chefs de corps de lui signaler les officiers qui avaient fui à la bataille de Bapaume pour qu'ils soient immédiatement révoqués.

» Les Prussiens, quoiqu'ils en aient dit, avaient des forces très-comparables aux nôtres ; ils avaient fait venir des troupes qui assiégeaient Péronne et jusqu'à la fin de la bataille, ils recevaient des renforts. Ils avaient certainement plus de vingt mille hommes, et de notre côté, un nombre à peine égal, prit une part effective à la bataille.

» Quant aux pertes de l'armée du Nord, à la bataille de Bapaume, elles furent de

» 183 tués dont 9 officiers,
» 1136 blessés dont 41 officiers,
» 800 disparus dont 3 officiers.

» Les pertes ont été particulièrement graves pour la 1re division du 23e corps, le 2 janvier, à l'attaque du village de Béhagnies ; les disparus étaient tout simplement des déserteurs à l'intérieur, car l'ennemi ne nous fit pas de prisonniers le 3. »

La part du régiment lillois à la bataille de Bapaume fut honorable, bien que beaucoup de gens mal informés ou intéressés à l'être, l'aient confondu opiniâtrement avec ceux qui ont faibli.

Vers onze heures du matin, alors que les troupes du général Derroja, du colonel Aynès et du général Robin dessinaient un mouvement tournant sur Bapaume, les batteries prussiennes prenant la division Robin en flanc y firent un certain nombre de victimes et jetèrent la panique dans ses rangs, serrés par l'émotion d'un premier jour de bataille ; la deuxième brigade placée à notre droite plia soudain sous ce feu meurtrier.

Le régiment lillois sut résister à cette panique ; son troisième bataillon, placé à la gauche, vit sans faiblir se débander à côté de lui plusieurs légions. « Si vous suivez ces fuyards, avait dit le commandant Morazzani, « je reste seul ici et m'y fais tuer. » — Personne ne bougea.

Le 1er bataillon qui protégeait une batterie d'artillerie sur laquelle était concentré le feu de l'ennemi, vit au loin fuir la 2e brigade sans trop se rendre compte de ce qu'elle pouvait être : quelques-uns d'entre nous crurent même un instant que l'armée prussienne, prise entre deux feux, était coupée et se repliait en désordre ; à ce moment, un ecclésiastique à cheval passe et donne la bénédiction : « à ceux qui vont mourir. » Ces paroles jettent un froid d'autant plus grand, qu'au même instant deux artilleurs sont coupés en deux, devant nous, par un obus.

Le 1er bataillon placé en colonne (?) derrière l'artillerie eut beaucoup à souffrir des obus ennemis qui éclataient dans les sillons fortement gelés. Son commandant, M. Levezier, montra dans cette circonstance un courage et une énergie dignes des plus grands éloges.

Le 48e de mobiles eut une belle part de gloire à Bapaume. Le 3 janvier, un de ses bataillons, secondé par le 20e bataillon de chasseurs, soutint avec une grande intrépidité le choc de deux escadrons de uhlans et de cuirassiers blancs qui furent décimés, — cinq cuirassiers et un officier furent faits prisonniers, un grand nombre de cavaliers tués et blessés : tel fut le résultat de ce combat, glorieux pour nos concitoyens.

Vers 6 heures, la nuit était venue depuis quelque temps, et nous attendions, l'arme au pied, raidis par le froid, l'ordre de quitter le plateau de Beugnâtre. Le général Paulze d'Ivoy, qui venait de visiter cette partie du champ de bataille, adressa au lieutenant-colonel Loy, ses félicitations sur la conduite du régiment, et, se tournant vers nous : « Allons, Messieurs les

Lillois, dit-il, vous pouvez aller manger la soupe, car vous l'avez bien gagnée dans cette journée où vous vous êtes conduits en soldats. » Le fait est que les estomacs étaient singulièrement vides. Depuis la veille, nous n'avions grignoté que du pain gelé recouvert de plusieurs millimètres de glace. A cent mètres de nous, brûlaient quelques maisons du village de Beugnâtre. La nuit sombre empêchait de rien distinguer à deux pas de soi. Les lueurs de l'incendie éclairant le lugubre spectacle du champ de bataille, purent seules nous guider vers l'entrée du village, lorsque le régiment reçut l'ordre d'y passer la nuit.

Les pauvres campagnards avaient fui avant le combat, emportant leurs objets les plus précieux, enterrant le reste; la plupart des maisons étaient en ruines, crénelées ou traversées par des obus; les troupeaux débandés couraient à travers les rues, où régnait un silence de mort, troublé seulement par le sinistre crépitement des chaumières embrasées.

L'Etat-major trouva dans une ferme, à l'entrée du village, un excellent souper préparé par les Prussiens; les soldats de leur côté, s'emparèrent de quelques bestiaux, les tuèrent, les dépécèrent à coups de sabre, et s'en disputèrent violemment les lambeaux.

Quelle nuit et quel spectacle! Je me croyais le jouet de quelque conte fantastique d'Hoffmann, et, plusieurs fois, m'appuyant sur les bras d'un camarade, je lui demandai si tout cela n'était pas un rêve

Notre compagnie dirigée vers le bout du village, trouva une sorte de trou à fumier et une petite cabane pour abris. La cabane tombant en ruines, n'était soutenue que par quelques gîtes informes ; des projectiles l'avaient traversée de part en part ; un lit grossier, couvert de paille, une vieille pendule à laquelle une brique servait de poids, une chaise boîteuse et un vieux poêle percé à jour en étaient les seuls ornements. Une petite lampe était allumée au dessus de la cheminée, ce qui nous parut bizarre, puisque la maison semblait abandonnée.

« Installons-nous ici comme nous pourrons, dit un officier: cet espace a six pieds carrés, nous n'y serons pas très commodément à dix, mais à la guerre comme à la guerre! d'ailleurs, ce qui me rassure, c'est la présence dans ces lieux de quelque fée bienfaisante qui nous protège visiblement, puisque déjà elle a pris soin du luminaire. »

On jette bas aussitôt, sacs, bidons et tout l'attirail qu'un soldat français doit réglementairement traîner en campagne et, pressés par les appels répétés de nos estomacs en détresse, nous courons à notre tour sur la piste des victuailles. Presque tous revinrent bredouille ; seul, le sous-lieutenant, heureux dans sa tournée, rapporta un quartier de porc qui passa immédiatement dans le bidon et de là sur le feu qu'on venait d'allumer.

« Il ne nous manque que des pommes de terre pour faire un excellent repas, dit un Vatel galonné.

« J'en ai là, Messieurs, soupire une voix chevrottante. » En même temps sort de la cheminée une petite vieille, courbée, cassée et ridée, comme dans les contes de Perrault; selon l'usage des femmes du pays, elle fume une longue pipe noire. Cette apparition étrange en fait reculer quelques-uns de surprise. « C'est moi qui habite ici, dit elle, les Prussiens m'ont enlevé pendant la bataille le peu qui me restait ; mais j'ai conservé sous le lit un peu de bière et des pommes de terre qu'ils m'avaient fait préparer avant de fuir. »

« Ah! s'écrie notre fourrier, voilà qui devient merveilleux; des pommes de terre, de la bière! et tout cela servi en ce moment de disette par une fée philanthrope! Décidément, les Dieux nous favorisent... Qui que tu sois, ô bonne fée, nous te bénissons. »

L'apparition sourit tristement. Ce n'était point une fée, mais une pauvre vieille femme toute tremblante encore des scènes épouvantables dont elle avait été témoin pendant le combat.

Elle s'assit près de nous, sur la chaise unique, dernier débris de son mobilier, et nous conta les événements de la journée. « Les habitants du village avaient fui la veille au bruit de la canonnade, emportant comme ils pouvaient avec eux les enfants et les vieillards ; tous pleuraient en quittant la cabane où de père en fils on avait vécu heureux en élevant sa famille. Les Prussiens étaient furieux de l'attaque des Français, qu'ils croyaient désormais réduits à la défensive, tant étaient erronés les récits de leurs généraux sur la bataille de Pont-Noyelle. Je n'ai pu fuir avec les autres en voyant arriver ces bandits, ajouta la pauvre femme ; mon âge ne me l'a pas permis, et comme je n'ai plus personne au monde, nul ne s'est inquiété de moi au milieu de la déroute ; d'ailleurs, qu'avais-je à craindre, à mon âge ?

»Cinq Allemands ont logé ici pendant deux nuits ; deux reposaient dans ce lit et avaient l'air d'être les chefs, car ils battaient comme plâtre les trois autres qui couchaient par terre ; les exigences de ces derniers grandissaient à mon égard en proportion des coups qu'ils recevaient. Sitôt les chefs disparus, il fallait que je leur fournisse de l'eau-de-vie sans la moindre réplique ; ils m'eussent battu, je crois, au moindre refus. Ils buvaient, ces bandits, à faire pâlir de dépit tous les chantres du pays. A les voir manger et boire, il est à supposer qu'ils font souvent jeûne en Allemagne. Leurs troupes se croyaient en sûreté à Beugnâtre. Partout leurs repas étaient préparés et la plupart ont dû se sauver en les laissant pour les Français, qui sont entrés une demi heure après leur départ précipité; mais les cinq grands gaillards que je logeais étaient hommes de précautions, car ils ont emporté les poules qu'ils avaient volées dans la ferme voisine.

»Lors de l'attaque du village, les officiers prussiens criaient à fendre la tête ; ils faisaient créneler toutes les maisons du village, afin d'être à l'abri en tirant sur les Français qu'on voyait s'avancer au loin ; il paraît, d'après ce que disent les gazettes du pays, que les Allemands sont très braves dans ce genre de combat. Pendant ce temps je me réfugiais sur le seuil de la vieille église, où je priais le bon Dieu pour ceux qui mouraient en ce moment. Français et Allemands, tous étaient alors confondus dans ma prière; il y a bien des mères là-bas, en Allemagne, qui en font autant. Nous autres, pauvres femmes, qui n'entendons rien à votre politique, nous trouvons que c'est un crime sans nom que de nous enlever nos enfants lorsqu'ils sont devenus grands et forts, grâce à nos soins et souvent à nos privations, et cela pour les faire s'entretuer, sur le caprice de deux hommes qui ont toujours la précaution de se tenir à l'abri.

»J'avais un fils, messieurs, **un brave enfant**, le soutien de ma vieillesse! ils me l'ont pris et me l'ont fait tuer. Depuis, je vis de mes dernières ressources et le pillage de ces deux jours a achevé ma ruine; demain j'irai tendre la main et mendierai désormais, si Dieu, dans sa miséricorde, ne m'envoie bientôt rejoindre mon fils. »

Nous nous levâmes instinctivement en nous découvrant devant une si grande douleur. Bien des yeux s'humectèrent et plus d'un dut songer à sa mère, qu'il ne devait plus revoir. L'un de nous, pâle d'émotion, prit un charbon dans le foyer et traça sur le mur branlant de cette cabane témoin de tant de douleurs, la strophe sanglante de Barbier :

Eh bien, pour tous ces jours d'abaissement, de peine,
    Pour tous ces *désespoirs* sans nom,
Je n'ai jamais chargé qu'un être de ma haine :
    Sois maudit, ô Napoléon !

L'heure était venue de reprendre les armes et d'aller veiller à notre tour aux avant-postes. Nous expédions lestement un morceau de pain, assaisonné d'une tranche de porc et nous voici marchant de nouveau dans la nuit vers la position qui nous est désignée. Le froid est intense, les doigts collent sur le canon du fusil ; heureusement, il reste un peu d'eau-de-vie dans les gourdes.

4 janvier.

La nuit se passe dans l'insomnie car la moitié du régiment a dû rester debout pour veiller sur le champ de bataille. Les uhlans, attirés par l'incendie, rôdent autour du village ; quelques uns même, avec l'audace qui les distinguent, tirent des coups de pistolets sur les sentinelles avancées ; au loin, de distance en distance, brûlent les feux du campement de la 1ʳᵉ division. C'est un spectacle à la fois grandiose et sinistre qu'il est impossible d'oublier lorsqu'on en a été le témoin.

A six heures du matin, ordre est donné de lever le camp. Nous prenons congé de la bonne vieille en lui laissant quelques souvenirs et partons par la nuit noire. Les incendies qui tendent à s'éteindre jettent leurs dernières lueurs. De temps à autre, un coup de feu se fait entendre : il vient des derniers bataillons qui sont suivis de près par les éclaireurs ennemis. Le gros de leur armée ne doit pas être bien loin. En avançant dans la direction de Favreuil, on trébuche sur les sillons, sur les débris de barricades, quelquefois, hélas, sur des cadavres ; peu à peu, heureusement, l'aurore se lève, pâle, grisâtre, et nous traversons les quatre villages formant une partie du champ de bataille : Favreuil, Sapignies, Béhagnies et Ervillers.

Avez vous jamais parcouru un de ces champs de carnage, alors qu'est terminée l'œuvre meurtrière et que l'aurore en éclaire les lugubres résultats ?

Voyez vous cette plaine immense, couverte d'un long tapis de neige ! Ici sont étendus deux chevaux, la tête de l'un appuyée sur le poitrail de l'autre ; auprès d'eux sont couchés plusieurs artilleurs dont le sang a rougi le sol glacé. Près de là, deux Prussiens et un marin français ; celui ci dort du dernier sommeil, la main crispée sur son fusil dont le sabre baïonnette est encore rouge de sang.

Autour de vous, regardez çà et là : ce sont des morts ; leur vie a été sacrifiée à l'ambition de quelques tyrans !... Là-bas, dans les maisons, dans les chaumières dévastées où jadis ils étaient heureux, n'entendez vous pas les sanglots de leurs mères, de leurs fiancées. Français et Prussiens dorment là réunis dans le même sommeil ; il semble parfois, en voyant leurs enlacements étranges, que la mort les a réconciliés au moment suprême Quelques-uns paraissent simplement endormis, tant leurs traits sont calmes, presque souriants ; la plupart, cependant, ont sur leur visage de marbre une expression sévère et sinistre. Ici, sur le seuil de cette maison isolée, voyez ce jeune sergent d'infanterie : il a vingt ans à peine, un mince duvet blond ombrage sa lèvre ; à cette heure peut-être on prie pour lui au logis maternel. Il est couché là, depuis la veille, sa main étreint encore la poignée de son sabre ; dans son regard, on lit la colère et le désespoir.

Là-bas, en haut de cette petite colline, quelques victimes encore gisent sur la nappe de neige. Çà et là des armes, des bagages, des caissons brisés, des affuts, des képis, des casques, des bidons, des sacs jonchent le sol.

Dans l'un de ces villages, une enseigne en tôle, percée de plusieurs balles, avec ce titre : *A la Gaieté*, se balance à la façade d'une maison peinte en vert, selon la coutume des cabarets du pays. Dans l'intérieur, trois Prussiens éventrés gisent au milieu d'une mare de sang ; au bas de deux marches en pierre, un petit chasseur à pied est étendu la face contre terre. Le froid de la nuit a été tel que son cadavre a la rigidité du marbre. Les doigts cassent comme du verre ; son sac, ouvert près de lui, atteste le passage de sinistres maraudeurs qui sont venus dans l'ombre, comme des oiseaux de proie, violer sa dépouille.

Pauvre humanité ! pensais je, en voyant ce triste spectacle. Il est navrant de songer que tous les hommes étendus là sont nés frères devant Dieu, et que si au lieu de s'entretuer stupidement et sans cause, ils s'étaient unis contre les tyrans, grands et petits, qui exploitent leur sueur et leur sang, la guerre, disparaissant enfin de nos mœurs, aurait fait place au progrès dont la marche est pour longtemps arrêtée.

— Avancez donc, tas de traînards, cria une voix bien connue.

Je me ressouvins que j'étais soldat.

Arrivé sur la grand'route de Béhagnies, le régiment s'arrête. Toute l'armée du Nord est là, attendant le signal de la retraite. Près de nous se trouvent les débris d'un bataillon de chasseurs ; au-dessus d'eux, le bataillon des marins de Brest, tant éprouvé la veille ; il me souvient qu'au plus fort du combat, deux de ces braves, noirs de poudre, portaient dans une toile de tente, hors des atteintes de l'ennemi, le cadavre affreusement mutilé d'un de leurs officiers, coupé en deux par un obus. De grosses larmes coulaient de leurs yeux, et, de temps à autre, ils s'arrêtaient pour reprendre haleine ; le sang s'échappait à flots du lugubre linceul : cela était navrant.

Nous offrîmes aux marins et aux chasseurs le peu d'eau-de-vie qui restât dans nos gourdes ; ce n'était pas grand chose, car on en avait fait une ample consommation les jours précédents.

Avant de se mettre en route, plusieurs coups de feu se font entendre : quelques hommes du 2ᵉ bataillon ont tiré sur un détachement de uhlans apparus à 500 mètres de la colonne. Cinq de ces éclaireurs restent sur le terrain, et l'on ramène leurs chevaux pour l'état major. A la hauteur du 1ᵉʳ bataillon, un de ces chevaux, légèrement atteint à la tête, secoue fortement ses naseaux en passant au milieu des rangs et nous couvre de sang.

A Ervillers, le gros de l'armée se dirige vers Boileux, où elle doit prendre ses cantonnements.

Notre régiment prend la route de Saint-Léger, grand village à l'extrémité duquel nous faisons une longue halte. Distribution de pain est faite aux hommes, afin de leur faire prendre patience, car la halte est trop longue à leur gré ; enfin, le colonel reparaît et donne ordre de départ.

A un kilomètre environ de ce village, une forte colonne de cavaliers apparaît au loin, se dirigeant sur nous. Tout le régiment se met en bataille, on charge les fusils après avoir mis baïonnette au canon, et l'on attend de pied ferme le choc de ces cavaliers, qui semblent être des cuirassiers blancs. Notre nombre les déconcerte sans doute, car au bout de quelques instants ils tournent bride et disparaissent du côté de la route de Boileux, où ils se font décimer par l'arrière-garde de la division du Bessol. Les hommes sont exténués de fatigue, d'aucuns dorment en marchant, d'autres, qui n'ont plus la force de porter leur fusil, l'ont abandonné à un camarade plus solide et se servent des bâtons de tente réunis, comme d'une béquille. Les souliers sont dans un piteux état et beaucoup en sont déjà à leur seconde paire.

De ces journées de Bapaume datent les longues souffrances causées par nos chaussures défectueuses. J'ai laissé, le 3 janvier, à Beugnâtre, une paire de souliers que je portais depuis le 15 décembre. Les semelles, épaisses seulement de quelques millimètres, étaient percées à jour au milieu; inutile de dire que j'avais les pieds meurtris et ensanglantés. Dès ce moment de la campagne, un certain nombre d'hommes devinrent incapables de marcher régulièrement à la suite du régiment. Il faut avoir vu les souffrances de ces pauvres éclopés, dont les pieds étaient souvent enflés jusqu'à la cheville, pour maudire ainsi qu'ils le méritent les fournisseurs infâmes, qui, spéculant honteusement sur les malheurs de leur pays, ont causé la mort de beaucoup de nos camarades et paralysé les efforts de la défense! Honte et malédiction sur eux, au nom de leurs victimes, au nom de la patrie mutilée!

Je dois ici signaler un fait qui est tout à l'honneur du régiment lillois :

Le 3 janvier au matin, quelques-uns de ces hommes éclopés manquaient à chaque compagnie ; ils étaient, sur l'autorisation des chefs, restés dans les maisons de Mory et d'Ecoust St Mein, où nous étions campés la veille. Si tôt que le canon tonna, tous partirent comme ils purent pour nous rejoindre ; les uns se battirent avec les marins, d'autres avec les voltigeurs mobilisés, d'autres enfin rejoignirent le régiment au moment le plus meurtrier de la journée.

Vers trois heures, nous arrivons à Neuville-Vitasse après avoir traversé les villages de Bussy, Boiry, Becquerelle et Hénin-sur-Cojeul. Le village est déjà plein de troupes, et ce n'est pas sans peine qu'on peut parvenir à nous loger.

5 janvier

Les légions de mobilisés cantonnées à Neuville-Vitasse et dans les environs, sont passées en revue à midi par le général Robin qui félicite notre régiment sur sa conduite à la bataille de Bapaume. A l'issue de cette revue, lecture est donnée dans chaque compagnie des différents ordres concernant les combats de 2 et 3 janvier.

Ordre de la division, n° 64

« A la bataille de Pont-Noyelle, vous avez vigoureusement gardé vos positions.

A la bataille de Bapaume, vous avez enlevé toutes celles de l'ennemi ; j'espère que cette fois il ne vous contestera pas la victoire. Par votre valeur sur les champs de bataille, par votre contenance à supporter les fatigues de la guerre, *vous avez bien mérité de la Patrie !*

» Les chefs de corps devront me signaler les officiers, sous-officiers et soldats qui, par leur conduite, auraient spécialement mérité des récompenses. Vous allez immédiatement compléter vos approvisionnements en munitions de guerre, pour continuer les opérations.

» Boileux, 4 janvier 1871.

» *Le général en chef,*
» Signé : FAIDHERBE. »

Ordre 76.

« Tous les corps de l'armée du Nord qui ont combattu à la bataille de Bapaume ont noblement fait leur devoir. Parmi les mobiles et mobilisés, sont mis à l'ordre du jour, pour leur conduite exceptionnelle, le 48e *de mobiles*, le *bataillon des voltigeurs* (Foutrein) et le 2e *bataillon du* 1er *régiment des mobilisés du Nord*.

» Le 48e de mobiles a eu 17 officiers tués ou blessés, des sous-officiers et soldats en proportion. Il a montré la solidité d'une vieille troupe.

» Au quartier-général.

» *Le général en chef,*
» Signé : FAIDHERBE.

Ordre de la division 62.

« Le commandant supérieur des mobilisés porte à la connaissaissance des légions l'ordre de la division n° 62, relatif aux combats des 2 et 3 janvier.

» La division a assisté à deux jours de combats sur le plateau de Behagnies. Une marche trop lente, des rassemblements tardifs le matin, ont fait que peu de troupes ont donné le premier jour. Le 2ᵉ bataillon du 1ᵉʳ régiment s'est trouvé seul à enlever le village de Mory, et malgré une première hésitation, le général constate qu'il a été suivi pour repousser l'ennemi.

» Les voltigeurs de la 1ʳᵉ brigade se sont admirablement conduits et ont perdu, sans reculer, cinquante des leurs sur le plateau de Favreuil.

» Le deuxième jour, les troupes, lentement réunies, se sont cependant placées sur les hauteurs, et la bataille promettait un succès décisif, si la 2ᵉ brigade n'avait reculé sous le feu d'une batterie d'écharpe. La 1ʳᵉ brigade, surtout les voltigeurs, ont tenu ; et j'ai à féliciter la batterie de la 1ʳᵉ (Seine-Inférieure) et particulièrement la batterie du Finistère Malheureusement, de nouveaux régiments ont trop faibli ; le mouvement de recul s'est changé en fuite pour les lâches, et quelques gens de cœur se sont laissés entraîner dans une débandade inouïe. Justice va être faite ; je ne veux pas laisser déshonorer les mobilisés du Nord pour ceux qui ont eu peur.

» Les chefs de corps vont m'envoyer de suite les listes des officiers qui ont fui, et je demanderai leur destitution immédiate. Ceux qui ont abandonné leurs armes passeront en cour martiale ; la liste sera envoyée à trois heures au quartier général.

» Vers trois heures, j'ai pu rallier une partie du 3ᵉ régiment de marche, le 4ᵉ et le 6ᵉ, et avec le 1ᵉʳ régiment, les voltigeurs et la batterie du Finistère, j'ai pu prendre position à Beugnâtre, pris à l'ennemi, et le canonner vivement dans sa retraite.

» *L'honneur de la journée est donc tout entier au régiment de Lille et aux voltigeurs volontaires de la 1ʳᵉ brigade.*

» Je signale la brillante conduite de l'interprète Farinaux, blessé dangereusement en pleine poitrine en chargeant, le 2 janvier, en tête du 2ᵉ bataillon du 1ᵉʳ régiment de marche, sur le village de Mory.

» Neuville-Vitasse, 4 janvier 1871.

» *Le général commandant la division,*
» Signé : ROBIN. »

6 janvier.

Le temps est bien employé à Neuville-Vitasse : on se panse, on se raccommode, on se nettoie du haut jusques en bas, ce qui n'est pas une mince besogne, vu le temps écoulé depuis les dernières ablutions. Les rues du village sont parsemées de souliers éculés et troués au milieu de la semelle ; en vain les chefs de compagnie ont réclamé journellement de meilleures chaussures, celles qu'on a envoyées de temps à autre pour remplacer les premières, sont plus défectueuses encore.

Plusieurs heures sont employées à l'exercice des compagnies ; les armes sont visitées minutieusement et ceux qui n'en prennent pas soin, punis par des corvées supplémentaires.

Des Lillois arrivés par Arras viennent, à notre grande joie, nous donner des nouvelles du pays. Le bruit de la bataille de Bapaume s'y est déjà répandu et a jeté une grande inquiétude dans les familles ; cela nous explique le nombre de visiteurs désireux de revoir le parent ou l'ami pour lequel ils ont des craintes. Ces braves gens s'en retournent chargés d'une multitude de lettres ; il n'est personne qui ne veuille profiter de cette occasion pour faire parvenir sûrement et promptement de ses nouvelles aux siens.

Quelques prisonniers prussiens sont gardés à vue dans une des pièces de la maison d'école, dont la plus spacieuse sert en même temps de poste, de salle des rapports et de tribunal militaire. Ces prisonniers, parmi lesquels se trouvent des officiers, bien que traités avec les plus grands égards, affectent une sorte d'arrogance provocatrice qui fait peine à voir. Peut-être mettent-ils nos respects sur le compte de la crainte; ils ignorent que les Français, vainqueurs ou vaincus, sont toujours généreux, et que pour eux, il n'est pire lâcheté que celle qui s'exerce sur un homme incapable de se défendre. Jamais l'un de nous n'eut un instant la pensée de répondre un mot à leurs insolentes et stupides provocations.

Dans l'après midi, la cour martiale s'assemble pour juger un soldat de l'armée auxiliaire, accusé de désertion devant l'ennemi. Rien de curieux comme l'aspect de ce tribunal où va se décider le sort de l'accusé.

Le président et ses assesseurs sont assis tant bien que mal, derrière le pupitre exhaussé, place ordinaire du maître d'école, au bas de l'estrade, le greffier et le rapporteur occupent chacun un siège, en face duquel est une petite table. A la gauche du président, l'accusé placé entre deux gendarmes semble être tout à fait étranger à ce qui se passe autour de lui. Quelques auditeurs, assis sur les bancs ou sur les tables de l'école, sont attentifs à ces graves débats; un peu plus loin, quatre hommes du poste, accroupis sur des sacs, jouent aux cartes avec une attention soutenue, d'autres nettoient leur fusil ou épluchent des

légumes pour la *popotte*. Sur les tables
placées à l'extrémité de la salle, quelques
fourriers copient des ordres, à côté d'officiers qui s'entretiennent d'une façon
bruyante sur la disparution de plusieurs
de leurs collègues. De temps à autre, la
voix du président domine ce brouhaha,
pour imposer silence aux interrupteurs ;
enfin, après un court débat, l'accusé est
condamné, à l'unanimité, à dix ans de
travaux publics.

Cet homme, qui m'a paru un pauvre
diable dépourvu de toute instruction, et
ne pouvant par cela même se rendre un
compte exact de la gravité de son crime,
subit sans doute sa peine à l'heure qu'il
est. Que n'en est-il de même de ceux qui,
plus haut placés, n'ont pas craint de montrer un déplorable exemple, en abandon-
nant leurs subordonnés au moment du
danger ? Aussi, depuis que l'autorité militaire exerce des poursuites contre les ré-
fractaires ou les déserteurs, grande est
la déception des mobilisés lillois, qui se
figuraient voir appliquer le principe
d'égalité à tous les coupables, quelle que
fût leur position sociale.

7 janvier

A une heure de l'après-midi, toutes les
troupes de la deuxième division du 23e

corps sont convoquées pour procéder à la dégradation du soldat, condamné la veille à dix ans de travaux publics, pour désertion en présence de l'ennemi. Plusieurs légions de mobilisés et les voltigeurs de Foutrein assistent à cette triste cérémonie. Le condamné, amené par quelques gendarmes devant le front des troupes, entend la lecture du jugement et subit la dégradation avec une indifférence marquée.

Plusieurs faits de maraudage ont été signalés au général en chef; celui ci prévient les chefs de corps, dans un ordre daté de Boileux, qu'ils devront, à l'avenir, faire exercer une active surveillance par leurs officiers, afin d'empêcher le renouvellement de ces actes blamables.

Il est regrettable que l'autorité du général en chef n'ait pu s'exercer en même temps sur les habitants de certains villages où ses troupes étaient cantonnées. A Neuville-Vitasse, par exemple, les vivres étaient hors de prix pour le soldat. Quelques débitants de boissons refusaient de vendre leur marchandise frelatée aux taux ordinaires. Il me souvient avoir payé dans ce village, deux tiers de plus que sa valeur, un litre d'eau-de-vie qui trahissait chez son vendeur des doctrines essentiellement anabaptistes.

La guerre de 1870 71 a fourni aux observateurs ce fait curieux à constater, que, dans la plupart des campagnes, les habitants préféraient cacher leurs vivres pour les abandonner plus tard à l'ennemi, que de les vendre avec un gain raisonnable au soldat qui défendait pied à pied le sol envahi. Cette attitude est d'autant plus incompréhensible qu'ils ne pouvaient ignorer le sans façon de nos vainqueurs, passés maîtres en fait de pillage et de vol.

En vertu d'un ordre du général en chef, onze officiers de la division Robin sont cassés de leur grade et signalés à M. le colonel Bel, commandant les mobilisés de Lille, pour être poursuivis comme déserteurs devant l'ennemi. Voici le nombre par régiment de ces déserteurs :

1er régiment de marche : un capitaine et un sous lieutenant.

3e régiment de marche : deux sous lieutenants.

4e régiment de marche : un lieutenant et trois sous lieutenants.

6e régiment de marche : un capitaine et un lieutenant.

Bataillon de voltigeurs : un lieutenant.

Le général en chef, dont la surveillance est active sur toutes les troupes placées sous ses ordres, a remarqué que l'unité de la compagnie n'existe pas dans certaines légions de l'armée auxiliaire ; les sous-officiers et caporaux ignorent quelquefois le nom de leurs hommes et ceux-ci ne connaissent souvent ni le numéro de leur compagnie, ni les noms de leurs officiers. Il est important de faire disparaître cette lacune. Le général en chef donne ordre aux officiers, sous-officiers et caporaux, d'avoir chacun une liste de leurs sections, demi-sections et escouades, afin que les appels puissent être faits d'une manière rapide. Il rappelle en outre que les sous-officiers et caporaux doivent coucher avec leurs hommes dans les cantonnements désignés à chaque compagnie.

Vers deux heures, le clairon sonne sac au dos. Ordre est venu au régiment de partir pour Guémappes. Les fatigues des journées de Bapaume sont oubliées, et cet ordre est accueilli sans regret. Après avoir traversé Hénin-sur-Cojeul et Saint-Martin, nous arrivons à Guémappes vers cinq heures du soir. Contrairement à nombre de villages, qui semblent s'être donné pour mot d'ordre d'exploiter indignement les troupes de passage, les habitants de Guémappes nous font un accueil aussi sympathique que désintéressé.

8 janvier.

Pour la première fois depuis l'entrée en campagne, nous pouvons nous apercevoir que ce jour est consacré au repos. Il est dimanche, en effet, les paysans ont revêtu leurs habits à boutons dorés, les jeunes filles enrubannées sont parées de leurs plus beaux atours ; elles ont même le visage souriant, ce qui nous comble de plaisir, car il y avait longtemps que nous n'avions contemplé pareil phénomène. Personne ne fuit à notre approche, malgré les lambeaux qui nous couvrent ; au contraire, on rencontre même de temps à autre, dans les rues du village, des soldats qui se promènent, bras-dessus, bras-dessous, avec des naturels du pays. Les débits sont ouverts et, chose inouïe, ils sont abordables pour le simple fusilier.

Dans la ferme où j'ai logé la veille avec une vingtaine d'hommes, une vieille personne, restée seule à la tête de l'exploitation en l'absence de son fils parti pour la garde mobile, nous a reçu avec une franchise et une honnêteté touchantes : « Ne vous laissez manquer de rien, a t-elle dit, je craindrais trop qu'il n'en arrive autant à mon fils. »

A dix heures du matin, une messe militaire est célébrée dans l'église du village pour le repos de l'âme des mobilisés morts dans les journées de Bapaume. L'aumônier du régiment, qui officie dans cette cérémonie, prononce une allocution touchante qui émeut bien des cœurs. Une foule compacte de mobilisés et d'habitants du pays assistent à cette messe, où nous remarquons quelques Lillois arrivés le matin par Arras. Un garde du 1er bataillon, M. Dubem, y fait applaudir son beau talent d'organiste.

Après la cérémonie, on se dispose à prendre le dîner préparé cette fois par les soins des ménagères, ce qui a comblé de joie les cuisiniers, sans causer le moindre déplaisir à leurs victimes ordinaires. Ce dîner, partagé en commun par les Lillois et leurs hôtes, est égayé par une franche gaieté. C'est si bon de rire lorsqu'on a encore quelque jeunesse au fond du cœur. Et puis, il y avait si longtemps que nous ne nous étions déridés. Aussi, l'on fait force projets, force défis pour le soir. Quelques-uns même, les Don Juan de la légion, obtiennent, de quelques rustiques beautés, la promesse d'une promenade nocturne où l'on ne causera ni de la colonne, ni du général Robin.

Mais en tout temps les soldats proposent et leurs chefs disposent. Soudain, au beau milieu de nos projets, le clairon sonne dans les rues du village cet air maudit : *Do — do — do — do — do — do — sol — do — mi — do — mi sol..*

Il faut partir, l'ordre est formel.

Les vêpres sonnent à la vieille église du village. Déjà les fidèles s'y rendent en foule. Nous jetons quelques furtifs regards d'adieu aux belles jeunes filles qui nous renvoient un sourire, et après avoir serré la main à nos hôtes hospitaliers, nous prenons le chemin de Mercatel, en passant ensuite par le village de Wancourt et le côté de Neuville-Vitasse. Le dégel, qui a commencé depuis la veille, a détrempé les terrains et rendu la marche très fatigante pour des hommes chargés. Aussi arrivons-nous exténués de fatigue à Mercatel. Ce village paraît pauvre, les figures y sont aussi rembrunies qu'elles étaient souriantes à Guemappes. Notre habitude de nouveaux cantonnements commençait à nous donner un jugement prompt et sûr. A première vue, nous reconnûmes que nul n'aurait grande peine à refuser ce qu'on lui offrirait à Mercatel.

Quelques paires de souliers sont distribuées. Leur qualité étant de plus en plus mauvaise, trois ou quatre chefs de compagnie font à ce sujet une nouvelle plainte collective au lieutenant colonel. Il me souvient que dans ces derniers souliers délivrés, il y en avait dont les clous passaient d'un centimètre à l'intérieur de la semelle, d'autres étaient si mal cousus qu'on voyait le jour à travers les coutures. Si par hasard quelque fournisseur imprudent s'était hasardé dans nos rangs, ce jour là, il est certain qu'il eut passé un bien mauvais quart d'heure.

9 janvier.

Il neige et il gèle depuis le matin ; une couche épaisse de verglas est étendue sur la chaussée raboteuse du village où plus d'un mesure la longueur de son corps.

De bon matin, l'ordre suivant a été communiqué à chaque chef de compagnie :

« Par ordre du général en chef, la division des mobilisés du Nord fournira 700 hommes pour être incorporés dans les régiments de ligne ; le temps de service ne sera pas changé. C'est une mesure pour renforcer les braves régiments réguliers ; d'autres mobilisés viendront à leur tour remplir les vides dans les régiments de marche.

» Le premier régiment fournira 100 hommes ; aucun choix ne sera fait, chaque compagnie fournira sa part, le sort décidera.

» Ces hommes, armés et équipés, seront passés en revue à 10 heures, à Neuville-Vitasse, par le général commandant la division.

» Les officiers de chaque corps amèneront ces détachements avec une liste nominative par régiment, en triple expédition, signée par les chefs de corps, indiquant les noms, prénoms, légions, ainsi que les communes des soldats passés provisoirement dans l'armée active.

» Cette mesure, prise à l'honneur des mobilisés, est destinée à égaliser les divers corps de l'armée du Nord. Le général n'admet aucune hésitation dans l'exécution de cet ordre qui est une mesure de salut public.

Neuville-Vitasse, 8 janvier 1871.

» *Le général commandant la division.* »

Je cite cet ordre en entier, parce que la forme en est curieuse. Inutile de dire qu'il fut accueilli avec une extrême froideur. Cent hommes tirés au sort dans trois bataillons, nous quittèrent, les larmes aux yeux, pour être dirigés, armes et bagages, sur Neuville-Vitasse, conformément aux prescriptions du général Robin. Le lendemain, ces hommes nous revenaient; pourquoi?... je ne saurais le dire, car ceux des autres légions, incorporés jusqu'à la fin de la campagne dans les bataillons de ligne et de chasseurs, ne revirent plus leurs camarades.

Vers une heure, le clairon sonne l'assemblée; le régiment, réuni dans la grande rue du village, est dirigé sur Blaireville, situé à peu de distance de Mercatel. En arrivant à destination, le lieutenant colonel, par voie de rapport, donne avis que l'ennemi est en forces à 2 kilomètres. Il recommande aux chefs de compagnies de veiller sérieusement à ce que les hommes soient prêts à prendre les armes à la première alerte. La grand'garde placée à l'extrémité du village, est reliée par des sentinelles avec celle du 6ᵉ régiment de marche, qui se trouve à Ficheux.

A la nuit tombante, une reconnaissance est envoyée vers le village, qu'on présume occupé par les forces allemandes.

C'est encore un bien triste pays pour les troupes que Blaireville. On s'y croirait en pays ennemi, tant la vue d'un uniforme français inspire d'effroi à tous. Sur notre route, aucune figure avenante, partout le vide, l'éloignement. Comment ces gens-là ont-ils reçu les Prussiens qui les pillaient ? Il est à espérer, au moins, qu'ils n'ont été pour eux ni moins froids ni moins égoïstes.

10 janvier.

Nos avant-postes touchent ceux de l'ennemi ; les paysans qui veulent bien nous adresser la parole assurent que de tous côtés, aux alentours, on a vu des uhlans.

A Mouchy-aux-Bois, village situé non loin de Blaireville, un détachement de 43 uhlans est surpris par 34 francs-tireurs, commandés par le capitaine Delaporte, et 5 dragons conduits par le maréchal-des-logis Plouvier. Les francs-tireurs s'emparent des uhlans et de leurs chevaux, après avoir tué le commandant et trois hommes. Il va sans dire que les Prussiens, revenus en forces le lendemain, incendièrent la ferme, les maisons environnantes et commirent leurs exactions habituelles dans le pauvre village de Mouchy-aux Bois.

Ce fait d'armes de nos francs-tireurs est sans contredit un des plus brillants de la campagne, aussi le capitaine Delaporte n'est-il pas décoré.

Il y aurait bien à dire sur le chapitre des récompenses, distribuées le plus souvent de telle façon qu'elles semblèrent un défi jeté à l'opinion publique. En certains cas, les plaintes unanimes des soldats redevenus citoyens, contre les chefs qui les avaient mal dirigés ou abandonnés aux moments de périls, suffirent pour leur faire accorder le ruban rouge. On comprend facilement alors que le capitaine Delaporte ait été éliminé du tableau des propositions.

Au lieu de s'en rapporter aux chefs supérieurs qui, redevenus citoyens, étaient sujets à certaines complaisances, obligatoires dans les relations sociales, il eut été préférable, ce me semble, de consulter les électeurs, ainsi qu'on l'avait fait pour la nomination des chefs ; sans doute cette mesure eut fait naître quelques abus, mais à coup sûr ceux ci eussent été moins révoltants.

Pourquoi aussi diviser en deux classes es récompenses? L'administration de la guerre avait-elle oublié que dans l'armée auxiliaire, officiers, sous-officiers et soldats étaient le plus souvent égaux en connaissances militaires et en services rendus ? Les premiers avaient plus émargé, les autres avaient plus souffert ; voilà à peu près la seule différence qui existât entr'eux. Pourquoi donc, je le répète. donner aux uns la croix de la Légion-d'Honneur, aux autres la médaille militaire ?

Le mal est fait, il est inutile d'insister sur ce point ; cependant qu'il me soit permis de rappeler qu'un certain nombre de sous officiers et soldats, grièvement blessés, mutilés, et la plupart incapables de travailler régulièrement, attendent encore la moindre récompense, alors qu'il en a été accordé très facilement à certaines gens qui avaient poussé jusqu'au génie le talent de se dérober au danger.

A deux heures, sur un nouvel ordre, nous partons pour Handecourt-lès-Ransart, village très pauvre du Pas-de-Calais, où les vivres manquent même pour les habitants. Les maisons y sont pleines de troupes et c'est à grand peine qu'on parvient à nous caser les uns sur les autres, dans quelques maisons inoccupées.

11 janvier.

Le lieutenant-colonel Loy communique, par voie de rapport, une lettre de félicitations qu'il a reçue de M. Achille Testelin, commissaire-général de la Défense nationale, sur la belle conduite du régiment dans les journées des 2 et 3 janvier.

Sur la proposition des chefs de bataillon, les Conseils chargés de la répartition des secours aux blessés, sont composés ainsi qu'il suit :

1er *bataillon.*

MM. Levezier, commandant, président.
     Mercier, capitaine, membre.
     Pajot, lieutenant,   id.
     Duverdyn, sous lieutenant, id.

2e *bataillon.*

MM. Dezwarte, commandant, président.
     Favier, capitaine, membre.
     Poissonnier, lieutenant, id.
     Gavelle, sous-lieutenant, id.

3e *bataillon.*

MM. Morazzani, commandant, président.
     Vanmessem, capitaine, membre.
     Delvar, lieutenant,   id.
     Olmès, sous-lieutenant,   id.

Ce jour-là, il me fut donné de voir, à Hondecourt-lès-Ransart, un spectacle des plus navrants : Ayant pénétré, pour les besoins du service, dans la salle des rapports avant l'heure réglementaire, j'assistai, sans le vouloir, à la visite du docteur Huidiez, médecin-major. Une centaine de nos pauvres camarades, partis pleins de santé et de courage, étaient là, accroupis ou se soutenant à peine, attendant leur tour de visite. La plupart de ces malheureux, dévorés par la fièvre, avaient la face blême et les yeux injectés de sang. Beaucoup étaient épuisés par la dyssenterie, cette terrible plaie des camps, causée par les froids humides des cantonnements et la mauvaise qualité des vivres. D'autres, atteints de bronchite, avaient la figure enfiévrée et le regard éteint ; d'autres encore, les pieds enflés et enveloppés de chiffons sordides, témoignaient de la loyauté et du patriotisme de messieurs les fournisseurs de souliers de la mobilisée du Nord.

C'était un spectacle à fendre l'âme.

Vers le soir, on annonce qu'un lot de grandes capotes, expédiées de Lille, vient d'arriver à Hendecourt. Il en est distribué par compagnie environ une douzaine. Sur la proposition de quelques sous officiers, notre capitaine décida que ces vêtements seraient répartis parmi les soldats dont les habits étaient les plus endommagés. Il y eut d'autres compagnies où les sous-officiers et caporaux s'adjugèrent les dits pardessus avec l'autorisation du chef. Dans cette circonstance, nous eûmes l'occasion de vérifier attentivement l'état de l'habillement des hommes, au bout d'un mois de campagne, et cette vue ne laissa pas que de nous causer une certaine tristesse.

Les tuniques étaient en grande partie déchirées près de la ceinture et sous les aisselles; leurs boutons, attachés d'une façon dérisoire, avaient été semés çà et là sur tous les chemins. Les pantalons, en plus mauvais état encore, étaint frangés et déchiquetés par le bas ; les guêtres, qui devaient les protéger contre la boue et soutenir le pied dans les marches, n'avaient pu servir, car elles avaient été taillées sur un modèle beaucoup trop exigu. Les capotes distribuées à Hendecourt furent d'un grand recours pour quelques hommes; plus tard, une autre distribution en pourvut les deux tiers de l'effectif. Les autres s'en passèrent comme ils purent.

12 janvier.

A cinq heures du matin, le réveil sonne et l'ordre de quitter le village arrive à chaque cantonnement. Rassemblés à l'extrémité d'Hendecourt, nous nous mettons en route vers six heures sans le moindre regret, car il est impossible désormais de trouver un village moins hospitalier. La veille, un capitaine chargé de la distribution des vivres, avait dû faire enlever de force, par quatre hommes, des ustensiles de pesage qu'un débitant refusait de lui confier pour quelques instants.

Au sortir du village, le bataillon d'avant-garde prend la direction de Bapaume ; nous traversons successivement Boiry-Saint Martin, Hamelincourt, Ervillers et arrivons à Mory vers onze heures du matin. Les autres bataillons nous y rejoignent une heure après. Le froid est intense, les moustaches gèlent sur les lèvres et des glaçons pendent à chaque extrémité ; aussi les loustics de crier de temps à autre : « Qui veut des glaces de chez Meert ?

Près de Mory, le cadavre d'un cheval tué le 2 janvier est étendu, les jambes en l'air, sur le bord d'un fossé ; des nuées de corbeaux s'en échappent à notre approche. A Mory, notre compagnie est désignée pour la grand'garde. On place les avant-postes, les sentinelles, et le reste de la compagnie est installé dans un petit cabaret situé à l'extrémité du village.

A peine sommes nous installés que le clairon sonne sac au dos. Il faut repartir immédiatement. Dans la grande rue de Mory, nous côtoyons les débris d'une grande ferme incendiée imprudemment, quelques jours auparavant, par un poste de mobiles.

Le froid redouble, un froid humide qui perce les os ; sur la route qui s'allonge devant nous, nulle trace d'habitations. L'horizon n'offre au loin qu'un monotone tapis de neige, taché çà et là par des nuées de corbeaux que notre approche met en fuite. Peu à peu, la nuit vient, quelques lumières tremblottent dans l'ombre : c'est un village, enfin ! celui peut-être où nous allons camper; on respire. Ce village, qu'on nomme Gomiécourt, semble désert : les habitants se sont calfeutrés dans leurs maisons à notre approche. A peine distingue-t-on de temps à autre, sur le seuil d'une porte, l'ombre de quelque paysan craintif. A notre grande déception, nul ordre d'arrêt n'arrive; ce n'est point encore là le gîte de la nuit. Les hommes sont exténués de fatigue et se plaignent amèrement de cette marche sans répit, dont la nécessité ne semble pas démontrée. La plupart des officiers les aident à porter leurs fusils, quelques autres, il en est peu heureusement, continuent, la canne à la main, à malmener les *trainards*.

Vers 9 heures du soir, des lumières apparaissent à nouveau. C'est le village d'Ablainzevelle, et cette fois, nous nous y arrêterons. La distance parcourue dans la journée est de 24 kilomètres; celle à parcourir était de 7 : total, 17 kilomètres pour le roi... pour l'empereur d'Allemagne.

Le village est très pittoresque, des haies de buis et de lierre lui forment comme une ceinture continue; nous contemplons le site pendant une heure, en attendant le cantonnement; les moins artistes, que ce spectacle ne séduit guère, jurent et tempêtent; enfin, ordre arrive à notre compagnie de reprendre la grand'garde interrompue le matin à Mory. Un cabaret de 8 pieds carrés est affecté, à titre de corps de garde, pour 70 hommes avec armes et bagages.

13 janvier.

Une indiscrétion venue de l'état-major nous apprend que le lieutenant colonel, ayant à plusieurs reprises sollicité du général Robin quelques jours de repos pour ses soldats, exténués de fatigue, a toujours reçu invariablement la même réponse : « Impossible d'accéder à cette demande, envoyez-moi immédiatement la liste des traînards. »

Le village d'Ablainzevelle est rempli d'une foule de marchands venus d'Arras, apportant des approvisionnements de tabac, de savon et autres objets introuvables dans les villages parcourus. Plusieurs Lillois, arrivés dans la matinée, nous donnent des nouvelles de notre bonne ville. Ils nous apprennent que les patriotes, qui s'y trouvent heureusement en grande majorité, suivent avec une grande anxiété le récit des opérations de l'armée du Nord et que de nombreux concerts y sont donnés au bénéfice de nos blessés et des familles laissées dans le dénûment par le départ de leurs soutiens. Tout cela nous cause une grande joie et redouble notre courage.

Ces visiteurs, si bienvenus, repartent d'Ablainzevelle vers deux heures, bourrés de lettres et de compliments.

Un nouvel envoi de Lille arrive le soir : ce sont de grandes capotes, des gilets de aine, des chaussettes et des caleçons. Inutile de dire que ces colis furent reçus avec reconnaissance. Les grandes capotes, très commodément confectionnées, sont de très bonne qualité. Pour les caleçons, distribués en très petit nombre, ils manquèrent toujours à la plupart d'entre nous. Mais on peut dire, sans crainte d'exagération, que les capotes et les gilets de laine, bien que distribués un peu tard, sauvèrent la vie à beaucoup de mobilisés, lorsque, dans les jours de captivité, il fallut coucher sur la paille humide et glacée du camp de Coblentz.

Les punitions de salle de police et de prison se font depuis ce jour aux postes avancés des grand'gardes ; les hommes unis sont astreints à monter la garde durant deux jours consécutifs, et à coucher la nuit sous la tente.

Cette mesure fut par la suite laissée de côté, car la plupart des hommes relevés de cette punition durent être envoyés à l'hôpital, dans un piteux état, tant le froid était alors excessif en rase campagne.

Il était dit que cette journée féconde en bonnes nouvelles, ne finirait pas ainsi. Nos compatriotes, venus le matin, avaient tû à dessein la capitulation de Péronne : un journal de Lille, qu'ils ont laissé à l'un de nous, sans réfléchir, nous l'apprend et cause une vive impression. Les moins pessimistes commencent à voir que la lutte est désespérée ; ce qui est du plus fâcheux augure.

Le bombardement de Péronne restera dans l'histoire de cette triste guerre comme un des plus frappants exemples de la cruauté prussienne. La ville fut écrasée sous les bombes sans que l'enceinte en fût le moins du monde endommagée. J'ai vu, dix jours après sa reddition, cette malheureuse cité : son aspect était navrant.

14 janvier.

A sept heures du matin, départ d'Ablainzevelle pour Achiet-le-Grand. En vue de ce village, à l'extrémité du chemin creux qui y conduit, une colonne s'est arrêtée pour nous livrer passage. C'est le 4° bataillon de mobilisés lillois (2° voltigeurs), que nous n'avions pas revu depuis le 11 décembre. Je laisse à penser les accolades et les cris de joie qui suivirent.

Voici, en peu de mots, l'historique du 4° bataillon :

11 décembre 1870. — A l'issue de la dernière revue du général Robin, qui eut lieu dans une allée de l'Esplanade de Lille, le 4° bataillon reçut ordre de départ pour

Abbeville; son équipement était incomplet; beaucoup d'hommes n'avaient même pas de sacs, d'autres étaient encore porteurs du fusil à percussion de la garde nationale sédentaire. Sur les plaintes unanimes des mobilisés, des carabines Minié leur furent distribuées à l'hôpital Sainte-Eugénie, lieu de casernement. Aux nouvelles réclamations des chefs, qui demandaient pour leurs soldats des chassepots, comme on l'avait fait pour les autres bataillons lillois, le commandant supérieur M. Robin. répondit : « Si vous ne marchez pas avec les fusils qui vous ont été donnés, j'ai quinze batteries d'artillerie qui tireront sur vous. »

Après quelques heures de répit accordées pour faire les adieux aux parents, le 4e bataillon est conduit à la gare de Fives par un aide de camp du général, accompagné de deux gardes à cheval. Les hommes sont entassés dans un train spécial et dirigés sur Boulogne, où ils arrivent vers minuit.

12 septembre. — Arrivée à Abbeville vers dix heures du matin, après une halte d'une heure environ dans la gare de Boulogne. Les mobilisés lillois, logés chez les habitants, y reçoivent un accueil des plus hospitaliers.

13 au 24 décembre. — Le bataillon reste cantonné à Abbeville, fournissant des détachements soit à Bellencourt, soit à Cam-

bron, situés à quelques lieues. Durant ce séjour, des reconnaissances sont faites, à la suite de nombreuses alertes, dans les villages de Pont-Remy, Longpré, Ailly, Flixecourt, etc.

25 décembre. — Cantonnement à Ailly. Ainsi que ceux d'Abbeville, les habitants de ce pays font un excellent accueil à nos compatriotes.

26 décembre. — Retour à Abbeville

27 décembre. — Un ordre de départ arrive vers le soir. Le bataillon, dirigé sur Boulogne et Calais, passe la nuit en chemin de fer.

28 décembre. — Arrivée à Lens à sept heures du matin. Un pont du chemin de fer qui vient d'être récemment détruit, arrête la marche en avant. Le bataillon reçoit ordre de rétrograder et d'aller prendre son cantonnement à Douai.

29 décembre au 8 janvier 1871. — Séjour à Douai. Des postes sont fournis à Brebières, Tortequennes, etc.

9 janvier. — Marche en avant pour rejoindre l'armée du Nord. Arrivée à Mercatel vers sept heures du soir.

10 et 11 janvier. — Séjour à Boiry-Ste-Rictude.

12 et 13 janvier. — Cantonnement à Ervillers.

14, 15 et 16 janvier. — Cantonnement à Bapaume.

17 janvier. — Marche sur Saint-Quentin. Cantonnement à Fins.

18 janvier. — Le 4° bataillon couche à Francilly. Il a assisté à la fin du combat de Vermand.

Le 14 janvier, après nous être séparés de nos camarades du 4° bataillon, qui se dirigent sur Bapaume, nous arrivons à Achiet-le Grand vers midi. Tous les fils télégraphiques sont détruits et les poteaux coupés à coups de hache. La gare a été atteinte à plusieurs endroits par les projectiles, dont quelques-uns ont fait de larges plaies à la vieille église du village.

15 janvier.

Une maison abandonnée a été dévolue à notre escouade, et la paille sur laquelle nous avons reposé a servi tour à tour à des mobiles du Gard, à des marins, à des uhlans, à des artilleurs prussiens et autres ; aussi, après une nuit d'insomnie complète, chacun s'aperçoit qu'il est la proie d'insectes internationaux fort incommodants. Malgré les plus grands efforts, nous ne pûmes jamais nous débarrasser complètement de ces hôtes immondes qui ne nous quittèrent plus jusqu'à la fin de la campagne.

A huit heures du matin, une reconnaissance est opérée par le 1er bataillon dans les villages de Bucquoy, Puisieux e Miraumont. A Bucquoy, se trouve une ambulance où sont soignés plusieurs blessés prussiens, dont deux uhlans, deux soldats du génie et deux fantassins. L'un de ces uhlans a été blessé grièvement la veille, dans une reconnaissance poussée jusqu'au village même. Ces cavaliers, si utiles à l'ennemi, prouvent que la création d'éclaireurs de ce genre est indispensable dans notre réorganisation militaire. A Miraumont, des paysans signalent la présence de uhlans dans les bois environnants. Après quelques fouilles infructueuses, la colonne se remet en marche sur Achiet-le-Grand, où elle arrive vers trois heures du soir, après avoir parcouru une distance de 20 kilomètres.

Le 14 janvier, l'avant-garde de notre armée est entrée à Albert, évacué à son approche par les Prussiens. Le chemin de fer a été aussitôt rétabli jusqu'à Busigny, dont la gare est gardée par nos troupes.

« Le général en chef de l'armée du Nord, informé que les généraux Prussiens, après avoir frappé l'arrondissement de Saint-Quentin de lourdes réquisitions, exigent encore de la ville le paiement d'une somme de 550,000 fr., a résolu de mettre un terme à ces exactions. Il a fait marcher sur cette ville une colonne volante sous les ordres du colonel Isnard, qui a battu une colonne ennemie le 15, au Catelet et à Selligny. L'ennemi a fui dans le plus grand désordre, laissant en nos mains 130 prisonniers et des approvisionnements considérables. »

Une colonne de ces prisonniers, dirigée sur Lille, passa le lendemain à Achiet. Quelques-uns d'entre nous leur donnèrent un peu de tabac et d'eau-de-vie.

Un salut solennel, pour le succès de nos armes, est chanté le soir dans l'église d'Achiet-le-Grand, par l'aumônier du régiment. Un grand nombre de soldats et d'habitants du pays y assistent.

Vers dix heures du soir, un détachement de mobilisés du dépôt de Lille arrive pour être versé dans le régiment lillois. Quelques uns de ces hommes, malades et incapables de tout service, ont été, en dépit de leurs justes réclamations, envoyés rejoindre leur corps.

16 janvier.

Je reçus le lendemain matin une visite qui me causa à la fois joie et tristesse. Un ami d'enfance, André M... garde au 2me bataillon, vint me serrer la main au logis; il était arrivé la veille avec le détachement des mobilisés du dépôt. C'est une triste histoire que la sienne ; la voici dans sa navrante simplicité :

André, que je connaissais depuis 15 ans, venait alors d'atteindre sa vingt-cinquième année ; c'était un beau garçon brun, bien découplé. L'intelligence se lisait sur son mâle visage, mêlée à un certain reflet de mélancolie qui lui seyait.

Sa famille était pauvre, son père et lui travaillaient comme menuisiers dans le même atelier. Chacun faisait de son mieux, et c'est à peine si leurs salaires réunis suffisaient à procurer le nécessaire. Le père se faisant vieux, n'y voyait plus guère à l'ouvrage, et André était souvent obligé de recommencer son travail en cachette, afin de lui éviter de la peine. Quant à la mère, elle était fort âgée et devenue presque infirme.

Sorti de l'école à douze ans, ignorant comme on peut l'être à cet âge, il s'était juré d'acquérir par lui-même l'instruction qui lui manquait pour devenir un homme. Depuis lors, il avait tant cherché, tant étudié la nuit, après les longues heures de travail de la journée, qu'il en était arrivé à atteindre son but.

Sa vie était sobre, ses mœurs irréprochables. La démoralisation, triste produit de l'Empire, n'avait pu l'atteindre dans son milieu de travail et d'étude ; aussi, avait-il, contrairement à ses contemporains, conservé intact un souverain respect pour la femme. Parlant peu, écoutant beaucoup, il possédait le jugement sûr de ceux qui ont beaucoup réfléchi et beaucoup souffert. Brave, intelligent, honnête, il appartenait à ce parti républicain qui veut l'avénement de la liberté, de la justice, par la lumière de l'éducation, non par le règne brutal de la terreur et du militarisme; aussi les Marat lui inspiraient-ils autant d'horreur que les Bonaparte.

Le lendemain du jour où l'assemblée complaisante qui composait le corps législatif de l'Empire, eût voté la déclaration de guerre à la Prusse, je rencontrai André dans la rue Nationale, son visage était pâle, son regard voilé par les larmes. Il me serra la main sans mot dire : je comprenais sa douleur et la partageais.

Des groupes nombreux s'entrecroisaient dans la vaste rue, les uns chantant la *Marseillaise*, les autres vociférant : A Berlin, à bas la Prusse, vive l'Empereur ! Ces groupes, composés en grande partie de gamins et d'agents de manifestations publiques, faisaient mal à voir ; c'était l'enthousiasme ignorant mêlé à l'enthousiasme de commande.

— Demain, me dit André, nous pourrons lire dans les journaux entretenus par l'empire, quelques belles pages de prose ampoulée, consacrées à ces imposantes manifestations. Les préfets télégraphieront à leur auguste maître ; les avocats-ministres feront quelques beaux discours de plus, et toute la gent officielle en répétera l'exorde : *Vox populi, vox Dei*.

La guerre s'engagea ; nos désastres arrivèrent, se succédèrent rapidement et la mobilisation des célibataires fut décrétée, sans exception même pour ceux qui aidaient leurs parents infirmes.

Je pourrais ici critiquer cette loi, je me contenterai de dire que l'exécution la rendit inique.

Tous ceux qui possédaient quelque relation en haut lieu, purent facilement l'éluder. André, trop pauvre pour trouver des appuis, ne put, après mainte prière, qu'obtenir un sursis, et le 15 janvier, il partit de Lille pour rejoindre notre régiment.

Un ami commun m'a depuis conté la scène de désolation dont il fut témoin au moment des adieux. Le père pleurait comme un enfant, la mère déjà malade, se mit au lit et ne s'en releva pas.

Aucune plainte ne s'exhala de la bouche d'André, il partit avec courage, et sa fermeté ne se démentit pas durant les deux jours de marche qui suivirent. Le 19 janvier, jour de la bataille de St Quentin, à la première attaque de Francilly, par les Prussiens, il tomba frappé d'une balle en pleine poitrine.

Lorsqu'on le releva, il était mort.

Son vieux père est maintenant pensionnaire de l'hospice général.

TROISIÈME PARTIE.

SAINT-QUENTIN.

17 janvier.

De bon matin, les troupes sont sur pied. Des distributions de biscuits et d'eau de-vie leur sont faites, ce qui fait prévoir un prochain combat ; il faut marcher en avant et le dégel, compliqué d'une pluie incessante a gonflé les cours d'eau, et transformé les routes en vastes mares de boue et de neige. Entre Biefvillers et Bapaume, la route est interceptée par une sorte de lac, qu'il faut traverser avec de l'eau boueuse jusqu'aux genoux ; ceux qui ne suivent pas exactement le chemin tracé par l'avant garde, tombent armes et bagages dans les fossés de la route, et c'est à grand peine qu'on les en tire.

La ville de Bapaume que nous gagnons quelque temps après, offre un aspect triste et désolé. Les abords en sont couverts de barricades et de défenses prussiennes, les premières maisons ont été détruites par les projectiles, d'autres sont crénelées à tous les étages ; une porte cochère est ciblée de balles et de coups de baïonnettes ; là s'est passé sûrement un sanglant épisode. Dans l'intérieur de la ville, la plupart des habitations sont désertes et fermées ; on peut lire sur les volets, la fameuse inscription prussienne pour le logement des troupes. Le 4ᵉ bataillon (2ᵉ voltigeurs), que nous revoyons pour la seconde fois, est sous les armes prêt à suivre la même direction que notre régiment. Nous traversons Bapaume sans nous y arrêter.

A Beaucourt, le général Robin nous passe en revue et donne des ordres au chef de corps pour les jours suivants. Nous traversons ensuite les villages de Bertincourt, Ryaulcourt et Metz-en-Couture ; dans ce dernier village, une halte d'une demi-heure est accordée pour manger un morceau de pain. Cet arrêt nous permet de vérifier l'état des hommes tombés en traversant les gués : Quelques-uns sont littéralement couverts de boue, des pieds à la tête.

De Metz en Couture, nous marchons vers Equencourt ; sur cette route, un officier d'état-major qui va prendre les ordres du colonel, renverse avec son cheval quelques malheureux soldats qui se traînent péniblement. Nous traversons encore le grand village de Fins, car nous ne sommes pas encore au terme de l'étape ; les officiers, comme toujours, aident les plus épuisés à porter leur bagage : s'il y eut des exceptions, je ne veux pas m'y arrêter.

A Fins, les officiers supérieurs nous informent que notre destination est Sorel, grand village de l'arrondissement de Péronne. On murmure un peu, mais on se traîne quand même dans cette direction. Devant Sorel, un nouveau gué nous barre le chemin ; il faut, pour le franchir, marcher en équilibriste sur un talus large d'un pied, le fusil servant de balancier. Quelle marche et quelles souffrances! nos chaussures spongieuses passées à l'état de papier mâché, se perdent dans la boue glacée du chemin. Certains chefs de compagnies s'en plaignent énergiquement. Un capitaine du 1er bataillon, M. Mercier, dans le rapport du jour, adresse le vœu suivant au chef de corps :

« Le capitaine commandant la 5e compagnie du 1er bataillon verrait avec plaisir qu'on fît des recherches pour trouver les fournisseurs des dernières chaussures délivrées. Ils sont, selon lui, passibles des peines les plus grandes, eu égard à la mauvaise qualité des chaussures qu'ils ont livrées au département. »

Les troupes sont logées difficilement à Sorel. Un vaste château, abandonné par son propriétaire, nous est désigné pour abri. Les portes, les châssis ont déjà été utilisés comme bois de chauffage par la

1ʳᵉ division : on se rabat sur les chapiteaux, frontons, frises, délicatement sculptés.

Quel pillage et quel vandalisme ! Voilà la guerre !

18 janvier.

Réveillés et prêts à partir dès cinq heures du matin, nous ne nous mettons en route cependant que vers sept heures. En sortant de Sorel, nous joignons sur la grand'route quelques gardes nationaux sédentaires, venus de Lille pour apporter à l'un de nos bataillons les offrandes d'anciens camarades. Ces braves concitoyens, qui ont eu la malencontreuse idée de voyager en uniforme, ont failli être faits prisonniers la veille, dans les environs de Fins. Depuis deux jours ils marchent pour nous rejoindre, et ce n'est pas sans peine qu'ils ont pu y parvenir. Nous leur serrons la main bien affectueusement et continuons notre route sur Saint Quentin.

Après avoir traversé Epéhy, grand bourg de la Somme, où les troupes sont bien accueillies, la colonne arrive à Bellencourt, premier village du département de l'Aisne. A dix minutes au delà, un lac immense couvre la route et enferme comme dans une île une fabrique encore en activité. Quelques hommes déterminés sont envoyés en avant, et, sur les indications d'un employé de la fabrique, on découvre un gué où l'on n'a de l'eau que jusqu'au dessus des genoux. Il faut, pour marcher sûrement, tâtonner avec les batons de tente réunis, afin d'éviter les fossés où la veille ont disparu quelques mobiles du 48ᵉ bataillon : l'un de ces hommes, nous dit-on, y est resté. Heureusement, ce passage difficile est franchi sans aucun accident sérieux.

Depuis quelque temps gronde dans le lointain la grande voix du canon. C'est la troisième fois depuis notre entrée en campagne. A Bellenglise, le bruit se rapproche, les coups deviennent plus secs ; il faut attendre là les ordres du commandant supérieur. Au bout de trois quarts d'heure, les ordres arrivent et nous reprenons la marche en avant, laissant dans ce village les bagages à la garde de plusieurs compagnies.

Le jour baisse sensiblement. Sur la route nous croisons des centaines de campagnards qui fuient au loin, emportant ce qu'ils ont de plus précieux, dans des charrettes à bras ou des chariots.

Des familles entières fuient affolées ; quelques femmes ont juché leurs petits enfants dans une hotte, l'une d'elles en porte jusqu'à trois.

On entend alors très distinctement le bruit de la canonnade ennemie. Des obus viennent d'incendier quelques maisons du village de Vermand. Le sinistre crépitement de la fusillade arrive aussi très distinctement à nos oreilles.

Le 4e bataillon (2e voltigeurs) et les voltigeurs de Foutrein nous ont devancés sur le champ de bataille. Ce dernier bataillon perdit quelques hommes vers la fin de la journée, entr'autres le capitaine Pourez, un énergique volontaire.

Laissons maintenant la parole au général Faidherbe :

« Le 18, nous fûmes attaqués sérieusement pendant que nous continuions notre marche dans la direction de St Quentin.

» Dès huit heures du matin, la queue de la division du Bessol fut harcelée par la cavalerie de la division Von den Gœben. A midi elle fut attaquée, près de Beauvois, par l'avant garde de la division Von Kummer ; cela nous prouvait que le général Von Gœben avait mis toute son armée à nous suivre à marches forcées, en même temps qu'il appelait à lui des renforts de toutes parts.

» Une charge de hussards, sur un bataillon de mobiles du Gard, fut vigoureusement arrêtée par un bataillon de mobiles de Somme-et-Marne, sous les ordres du colonel de Brouard.

« Le général de Bessol qui était déjà arrivé avec sa 2e brigade à Roupy, rétrograda avec un bataillon et quatre pièces de canon, pour dégager sa première brigade. Mais il trouva la chose déjà faite par la division Payen, du 33ᵉ corps, qui, au bruit du canon, était revenue de Vermand vers Caulaincourt et Tref on, et se trouvait aux prises avec l'ennemi.

» La division du Bessol reprit alors sa route vers les cantonnements indiqués au sud de St Quentin.

» La 1ʳᵉ brigade de la division Payen, lieutenant-colonel Michelet, avec les fusiliers marins, avait rompu le premier effort de l'ennemi; bientôt elle fut appuyée par la 2ᵉ brigade, commandant de la Grange.

» Le général Paulze d'Ivoy, voyant qu'il avait alors sur les bras des forces considérables : les divisions Von Kummer et Von den Goeben, dût prendre une position en conséquence ; il alla occuper avec l'infanterie, les bois qui s'étendent entre Caulaincourt et Vermand, et plaça la batterie Dupuich sur le plateau qui est au nord de ces bois. Dans cette position, il repoussa l'ennemi, et tint bon jusqu'à la nuit close. La 2ᵉ division, celle des mobilisés du général Robin, venue au canon, prit part à la fin de l'engagement. Cette division fut laissée en partie à Vermand, pendant la nuit, tandis que la division Payen venait prendre son cantonnement à St Quentin même.

» Le combat de Vermand nous coûta peut-être 500 hommes tués ou blessés. De fortes pertes de l'ennemi peuvent seules expliquer qu'il n'ait pas fait d'efforts plus vigoureux pour nous enlever nos positions devant Vermand. Les Prussiens disent avoir pris un canon ce jour là; ils l'ont repêché au fond d'un abreuvoir de village où la maladresse d'un conducteur l'avait fait verser, et où on l'avait abandonné après de grands et inutiles efforts, pour ne pas retarder la marche de la colonne. »

La nuit est venue depuis quelques heures, et nous attendons toujours les ordres du général de division; notre régiment placé à l'extrémité de Vermand, assiste, l'arme au pied, au défilé de la division Payen, qui va prendre son cantonnement dans la ville de St-Quentin. Ce défilé, interrompu fréquemment par des retards inattendus, dure trois grandes heures dans la nuit sombre et froide : ce sont des cacolets, des voitures d'ambulances remplies de blessés; des marins, des chasseurs, des lignards, des artilleurs traînant avec une peine inouie leurs lourds canons, dans ces terres détrempées. Quel spectacle! on n'entend que jurons, et que cris de souffrance! Oh, si les héros d'estaminets, qui font la guerre entre deux bocks, pouvaient contempler un tel tableau, ils perdraient assurément beaucoup de leur aplomb et de leur faconde.

Enfin, vers 10 heures, le défilé semble terminé. Après un pose de trois grandes heures, dans l'eau jusqu'aux chevilles, nous sommes dirigés sur Francilly, petit hameau à la droite de St Quentin. La plupart des hommes sont à bout de forces, l'énergie morale, qui jusqu'ici les a soutenus, est vaincue par les défaillances physiques. Il me souvient vaguement que de Vermand à Francilly, je fus conduit presque inerte, par deux excellents camarades, exténués eux-mêmes et qui ne me quittèrent qu'au cantonnement. Sur la route, un garde de ma compagnie, brave ouvrier au cœur d'or, voulut à vingt reprises, me débarrasser de mon sac : je n'acceptai pas, car je le voyais épuisé comme moi, mais je lui en garde néanmoins une vive reconnaissance.

De temps à autre, des artilleurs en retard font des trouées dans nos rangs, avec leurs caissons de munitions, renversant çà et là quelques mobilisés. Personne ne se retourne pour leur porter secours, tant l'apathie est grande après de telles fatigues.

Nous arrivons à Francilly, vers minuit, ayant gardé le sac au dos, pendant dix-neuf heures, et sans avoir pris la moindre nourriture. La sueur froide nous a mouillés jusqu'à mi-corps, le reste est trempé par les torrents de la route. On trouve difficilement un gite et de la paille pour se coucher.

19 janvier.

Dès l'aube, on se réveille au bruit du canon, qui gronde déjà sur les hauteurs. La plupart d'entre nous, incapables de remuer bras et jambes, ont les pieds enflés et ensanglantés ; c'est dans ces conditions qu'il faudra se battre toute la journée.

Le 1ᵉʳ bataillon est dirigé dans le bois de Savy, les 2ᵉ et 3ᵉ demeurent à Francilly, qu'ils sont chargés de protéger.

Je laisse, cette fois encore, la parole à notre éminent général en chef :

« Les troupes eurent l'ordre d'être sur pied à la pointe du jour et leurs emplacements leur furent désignés. Nos forces montaient à près de 40,000 hommes.

» Le 23ᵉ corps, renforcé de la brigade Isnard, s'établit en arc de cercle, tournant le dos à la ville, sa gauche au moulin de Rocourt, et sa droite au village de Fayet. Il s'étendait donc du canal à la route de Cambrai. Seulement, il était par inversion : sa 1ʳᵉ division (Payen) formant sa gauche, et sa 2ᵉ division (mobilisés Robin) formant sa droite. La brigade Isnard était entre les deux.

» Le 22ᵉ corps s'établit de l'autre côté du canal, s'étendant de Gauchy à Grugis, jusqu'à la route de Paris, face au sud. Notre armée formait ainsi une demi circonférence autour de St-Quentin, au sud et à l'ouest.

» L'ennemi devait arriver sur le 23e corps à l'ouest par les routes de Péronne et de Ham, et sur le 22e corps au sud par les routes de Chauny (Paris) et de La Fère.

» Nos lignes de retraite étaient la route de Cambrai par le Catelet et celle du Cateau par Bohain.

» La brigade Pauly (mobilisés du Pas-de-Calais), qui se trouvait à Bellicourt, était à peine rendue à Gauchy, et la 2e division (Du Bessol) à Grugis, que de profondes colonnes d'infanterie prussienne, précédées de cavaliers, arrivèrent par la route de Paris, vers Castres. C'étaient les trois divisions Von Barnekow, prince Albert de Prusse et comte de Lippe; une brigade de la cavalerie de la garde était commandée par le prince de Hesse.

« L'action s'engagea immédiatement entre les tirailleurs des deux armées et la batterie Collignon s'établit sur une excellente position, près du moulin dit *à tout Vent*. On se disputa la possession des hauteurs en avant de Gauchy, et l'ennemi mit aussitôt en ligne, de nombreuses batteries.

« La première brigade (Aynès) de la première division, qui avait couché à St-Quentin, arriva alors au pas de course et vint se placer à la gauche des troupes engagées, étendant ainsi notre front de bataille jusqu'à la route de la Fère.

« Le général du Bessol venait d'être grièvement blessé.

« Pour combattre l'artillerie ennemie, les batteries de Montebello et Bocquillon, la batterie Gaignaud de 12 et plus tard la batterie Beauregard vinrent se placer au centre de la position auprès de la batterie Collignon. Ces cinq batteries arrêtèrent pendant toute la bataille, les efforts de l'ennemi, en lui faisant subir des pertes énormes.

« Pour s'opposer à l'attaque des colonnes considérables arrivant d'Ervillers et d'Itancourt, le colonel Aynès, avec une partie de sa brigade, s'avança sur la route de la Fère où il tomba bientôt mortellement frappé. Il était environ trois heures : l'ennemi nous débordant en ce moment vers la Neuville-St-Amand, nos troupes se replièrent presque jusqu'au faubourg de l'Isle.

« Le commandant Tramond arrêta ce mouvement rétrograde en se mettant à la tête de ses bataillons du 67e de marche et chargeant l'ennemi à la baïonnette.

« On regagna le terrain perdu jusqu'à hauteur des batteries qui n'avaient pas cessé leur feu.

» Cependant, la lutte continuait avec acharnement à la droite de la division. Les hauteurs avancées de Gauchy furent assaillies six fois par des troupes fraîches qui se renouvelaient sans cesse ; six fois, nos soldats animés par le courage et l'intrépidité du colonel Pittié, repoussèrent ces assauts. Dans ces attaques, nos soldats se rapprochèrent plusieurs fois jusqu'à vingt pas de l'ennemi, jonchant le terrain de ses morts. La cavalerie prussienne ne fut pas plus heureuse devant l'élan et la solidité de notre infanterie. Une charge faite par un régiment de hussards fut, en peu de temps, arrêtée et brisée par des feux d'ensemble bien dirigés par le colonel Cottin. Dans cette lutte, les mobiles du 91e et du 46e, malgré l'infériorité de leur armement, rivalisèrent de courage avec les troupes de ligne, animés par l'exemple de la plupart de leurs officiers, et particulièrement de leurs chefs de corps : MM. Povel et de Laprade.

» Mais comment résister indéfiniment à des troupes fraîches amenées incessamment, même de Paris, sur le champ de bataille, par le chemin de fer? La 2e brigade, débordée par sa droite, se vit enfin obligée de céder le terrain. Elle battit en retraite en très bon ordre. Son mouvement entraîna celui de la gauche de notre ligne, et les batteries, après avoir tiré jusqu'au dernier moment pour protéger la retraite, furent contraintes de se retirer à leur tour par le faubourg d'Isle, sous la protection des barricades établies dans le faubourg et qui retardèrent la marche de l'ennemi. La nuit, du reste, était venue.

» Au 23e corps, l'action ne s'était sérieusement engagée contre les divisions Von Kummer et Von den Gœben, qu'entre neuf et dix heures. La division Robin (mobilisés), avait occupé les villages de Fayet, Francilly, Selency, détachant un bataillon dans le village d'Holnoy et garnissant par ses tirailleurs les bois en avant de son front.

» La brigade Isnard s'étendait de Francilly à la route de Savy, et la brigade de la Grange, de la division Payen, formait un échelon à la gauche de la précédente, jusqu'au canal.

» La 1re brigade (Michele') de la 1re division était en réserve derrière le centre de la ligne de bataille.

» Dès le commencement de l'affaire, un escadron de nos dragons eut, près de Savy, avec un régiment de cavalerie prussienne, un engagement dans lequel le lieutenant-colonel Beaussin reçut un violent coup de sabre à la tête et où nous eûmes une quinzaine de blessés.

» La batterie Halphen avait pris une excellente position à gauche de Francilly et y combattit d'une manière remarquable pendant toute la journée. Les batteries Dupuich et Dieudonné s'établirent en arrière de la droite de la division Robin, pour défendre la route de Cambrai, par où il était à craindre que l'ennemi tentât de nous tourner et de nous couper la retraite;

c'était là, en effet, l'intention du général Von Gœben.

» Les batteries de réserve furent placées à la gauche du 23° corps, sur les hauteurs dominant la route de Ham. C'est à Ham que le chemin de fer amenait une partie des troupes venant d'Amiens et de Rouen. Il pouvait aussi en transporter par La Fère jusqu'à quelques kilomètres du champ de bataille.

» Pendant la première partie de la journée, la lutte ne consista qu'en un combat de tirailleurs et d'artillerie pour la possession des bois et des villages, qui se trouvaient entre les deux armées. Mais vers deux heures, des renforts ennemis venant de Péronne attaquèrent vigoureusement notre extrême droite et enlevèrent le village de Fayet a la division Robin, menaçant ainsi la route de Cambrai. La 1ʳᵉ brigade du commandant Payen, envoyée sur ce point, aborda vivement le village sous la protection d'une batterie et demie d'artillerie de réserve envoyée par le général en chef. En même temps la brigade Pauly, des mobilisés du Pas-de-Calais, venant de Bellicourt au bruit du canon, prenait la part la plus honorable à cette opération. On réussit à repousser les Prussiens du village ; le 48° mobiles s'y établit et l'occupe jusqu'à la nuit. Quant aux autres troupes, elles prirent position en arrière sur les hauteurs où se trouvaient les batteries Dupuich et Dieudonné, et empêchèrent l'ennemi de faire des progrès vers la route de Cambrai.

» Sur la gauche, les brigades Isnard et de la Grange, déployant une grande valeur, pénétrèrent à plusieurs reprises dans le bois de Savy (1). Mais vers quatre heures, par l'arrivée de la division Mémerly, du 1er corps prussien, elles se trouvèrent en présence de forces trop supérieures et se virent obligées de céder peu à peu le terrain.

» Le général Paulze d'Ivoy reçut alors du général en chef l'ordre d'envoyer des renforts à sa gauche pour arrêter les progrès de l'ennemi sur la route de Ham, malgré ces renforts, l'ennemi put bientôt s'avancer sur la route et le long du canal, et ne fut plus arrêté, jusqu'à la chute du jour qui ne tarda pas à arriver, que par le feu qui partait des solides barricades construites au faubourg St-Martin.

» M. le chef de bataillon du génie Richard, premier aide-de-camp du général en chef, resté jusqu'à la nuit à cette barricade pour y arrêter l'ennemi le plus longtemps possible, y fut cerné et ne parvint à s'échapper qu'après avoir été pris plusieurs fois et s'être débarrassé de plusieurs Prussiens à coups de revolver.

(1) Le général Faidherbe a commis un oubli involontaire, en ne citant pas parmi les combattants du bois de Savy, le 1er bataillon des mobilisés lillois.

Ainsi, à la nuit, du côté de l'ouest comme du côté du sud, nos troupes épuisées par une journée entière de combat, succédant à trois journées de marches forcées et d'escarmouches, par un temps et des chemins épouvantables, se trouvaient rejetées sur St-Quentin par un ennemi dont le nombre augmentait à chaque instant par les renforts qu'il recevait de Rouen, d'Amiens, de Péronne, de Ham, de Laon, de La Fère, et enfin de Beauvais et de Paris.

» La retraite fut alors ordonnée au 22e corps par la route du Cateau et au 23e corps par la route de Cambrai.

» Le général en chef et son état major, après avoir suivi le 22e corps jusqu'à Essigny, prit avec la cavalerie la route intermédiaire qui passe à Montbrehain. Les têtes de colonnes prussiennes entrèrent à St-Quentin par les routes de La Fère et de Ham, lançant quelques obus sur la ville et faisant prisonniers tous les soldats débandés, perdus, éclopés, et quelques compagnies qui se trouvaient cernées.

» Il resta entre leurs mains trois ou quatre petits canons de montagne qui se trouvaient en position au faubourg d'Isle, et deux pièces de 4 abandonnées dans la ville. Cette artillerie appartenait à la petite colonne auxiliaire qui était entrée à St-Quentin l'avant-veille.

» Mais les quinze batteries de campagne de l'armée du Nord furent ramenées intactes à Cambrai avec leurs caissons et notre convoi.

» L'ennemi eut, d'après nos informations, dans les journées des 18 et 19 à Vermand et à St Quentin, environ 5,000 hommes hors de combat et nous environ 3,000 seulement. Cela tient à ce que nos coups portaient sur des masses de troupes doubles des nôtres. »

Dans ce combat sanglant de Saint-Quentin, les mobilisés de Lille se battirent avec un courage digne de meilleurs résultats. Pendant six heures, les trois bataillons se maintinrent dans leurs positions, en dépit des nombreuses colonnes ennemies qui les écrasaient et des renforts que celles-ci recevaient à chaque instant de Péronne. Ces trois bataillons, qu'une mesquine et puérile rivalité a souvent mis aux prises, dans les diverses polémiques qui se sont rapidement succédées après le licenciement, n'ont cependant rien à s'envier, car tous se sont vaillamment conduits.

Les 2e et 3e bataillons, chargés de défendre le village de Francilly, luttèrent héroïquement durant cinq heures contre des forces trois fois supérieures. Le 3e bataillon (commandant Morazzani), renforcé de trois compagnies du 2e, fut chargé, dès le début du combat, d'aller reconnaître la position du côté de Sélency. Cette reconnaissance ayant démontré que l'entrée de Francilly n'était que faiblement défendue, six compagnies envoyées à l'extrémité du village sont disposées à droite et à gauche de la route par laquelle l'attaque semble devoir se produire. Les haies, les abris de toute nature sont transformés en embuscade. On commence à profiter des leçons acquises durant cette rude campagne.

Ces dispositions prises, le commandant Morazzani envoie la 7e compagnie du 2e bataillon reconnaître à nouveau la position. Cette compagnie est reçue par le feu de mousqueterie, très nourri, de deux colonnes prussiennes qui viennent d'arriver à Sélency et la poursuivent jusqu'à un kilomètre de Francilly où elle laisse un certain nombre d'hommes sur le terrain. Dans ce mouvement de retraite, qui coûta cher à la 7e compagnie, le 3e bataillon ne fut malheureusement pas démasqué à temps, ce qui l'empêcha de riposter de suite au feu de l'ennemi. Mais dès qu'il put entrer en ligne, un feu bien nourri et parfaitement dirigé força plusieurs fois les Prussiens au silence.

On vit, pendant ce combat, se produire un de ces incidents qui se sont renouvelés souvent durant la campagne : « Cessons le feu! Nous tirons sur des marins! » tels étaient les cris qui, depuis un quart d'heure, s'entendaient dans le bataillon. Le commandant Morazzani ordonne de cesser le feu et de sonner un air français. Pour toute réponse, le bataillon reçoit une formidable décharge de mousqueterie qui lui cause beaucoup de mal. Ce sont bien des Prussiens !

Pendant deux heures, le feu fut très vif de part et d'autre, et les deux bataillons, solides comme de vieilles troupes, ne cédèrent pas un pouce de terrain à l'ennemi. Celui-ci voyant enfin ce côté du village inabordable, imagine de le tourner par la gauche. Le commandant Dezwarte fait construire immédiatement une barricade à l'extrémité du village et en donne le commandement au capitaine Brame. Il se porte ensuite aux endroits les plus faibles et les défend pendant plusieurs heures avec acharnement. Enfin, après une lutte désespérée où les hommes des 2e et 3e bataillons ont épuisé leurs dernières cartouches, l'ennemi pénètre dans le village par quelques passages que notre effectif insuffisant ne permettait pas de défendre.

Il faut songer à la retraite. Les deux bataillons prennent par des directions différentes le chemin de St-Quentin. A environ un demi kilomètre de Francilly, un cri s'élève dans le 3e bataillon : La batterie du Finistère, restée en arrière, va tomber au pouvoir de l'ennemi ! Sans hésiter un seul instant, le commandant Marazzani fait faire demi tour et revient aux positions de combat, où son bataillon prolonge la résistance au milieu d'un feu terrible, jusqu'à ce que la batterie soit sauvée. Dans ce fait d'armes ignoré jusqu'ici, plusieurs officiers, notamment le capitaine Vanmessem et les sous-lieutenants Grolez et Werquin, se firent remarquer par leur courage et leur intrépidité A une lieue de Francilly, lorsque les débris ralliés furent pendant quelque temps hors des atteintes de l'ennemi, le capitaine Benoit, chef de l'héroïque batterie du Finistère, vint remercier, les larmes aux yeux, le commandant Morazzani et dit au lieutenant-colonel Loy :

« Mon colonel, ma batterie est sauvée, grâce à votre 3e bataillon. »

Le 1er bataillon, auquel on avait adjoint une compagnie du 2e bataillon pour remplacer la 1re compagnie des volontaires, laissée aux bagages, avait pris position au commencement de la bataille dans le bois de Savy, situé à un kilomètre environ de Francilly. Bien que très court, le trajet jusqu'au bois, dans des terres fortement détrempées, fut très pénible. Les hommes étaient anéantis par les marches excessives des jours précédents ; on enfonçait jusqu'à la cheville dans ce terrain mouvant, où beaucoup laissèrent les derniers débris de leurs chaussures.

Vers huit heures, les premiers obus commencent à tomber, mais ils sont moins meurtriers en général qu'à Bapaume. La plupart s'enfouissent dans les champs boueux sans éclater. En revanche, ceux qui tombent dans le bois y font d'énormes ravages.

A côté de nous, vient prendre position une compagnie de ligne, la seule que j'aie vue à Savy ; elle y reste pendant deux heures environ. Si les officiers supérieurs, chargés du rapport au général en chef, étaient venu visiter cette partie du champ de bataille, ils auraient pu se convaincre que lignards et mobilisés s'y battaient avec un égal courage. Pourquoi donc n'est-il nullement question de ces derniers dans le récit du général Faidherbe ? La faute en est incontestablement à ses reporters, qui ignorèrent opiniâtrement qu'en pénétrant aussi « à plusieurs reprises dans le bois de Savy, » notre pauvre bataillon y avait perdu un grand nombre d'hommes tués, blessés ou faits prisonniers.

Les balles commencent à siffler fortement et coupent les branches qui nous balayent la figure en tombant. A côté de moi, un camarade est frappé mortellement d'une balle au cœur. D'autres, blessés, sont transportés péniblement à l'ambulance par des hommes de leur escouade.

Le commandant Levézier qui est allé, seul, reconnaître la position, revient commander un mouvement en arrière. Il laisse dans le bois les 2ᵉ, 7ᵉ et 8ᵉ compagnies, et fait prendre position au reste du bataillon entre le village et le bois. A notre droite, un bataillon de mobiles vient de se replier sur Fayet. Près de nous, une quinzaine d'hommes, étrangers à l'armée auxiliaire, fuient par un chemin creux qui s'ouvre à la gauche du bois; deux de nos officiers, le capitaine Lecocq et le lieutenant Carnot, les font retourner au feu à coups de cannes.

Cependant, les Prussiens gagnent du terrain sous la futaie et nous fusillent à 500 mètres. Le commandant Levezier, pris à ce moment d'une indisposition subite, remet le commandement au capitaine Lecocq, de la 3e compagnie. Cet officier, un des plus populaires du régiment, rassemble vivement nos groupes épars, les reforme en bataille et commande de mettre baïonnette au canon. « En avant, les Lillois! s'écrie t il, et vive la France! » Chacun suit son élan et le bataillon s'élance à nouveau dans le bois où les Prussiens semblent reculer. Les premiers arrivés pénètrent jusqu'à l'extrême lisière et tiraillent pendant une demi heure, jusqu'au moment où ils s'aperçoivent de leur isolement; le reste de la colonne, en effet, a disparu. On se replie aussitôt par le chemin creux déjà indiqué sur la gauche, et nous essuyons dans ce trajet une fusillade terrible. Le mouvement de recul des Prussiens était un piége imaginé pour mieux nous tourner : les premiers partis s'étaient heureusement aperçu à temps de la ruse.

Où sont les chefs? Quelle est la direction à prendre? Personne ne peut nous le dire. Nous marchons à l'aventure et entrons à Francilly, déjà occupé par l'ennemi. Un lieutenant de ligne à qui nous demandons la route pour suivre la retraite, nous répond qu'il est désormais impossible de passer. On brûle du moins les dernières cartouches jusqu'au moment où un capitaine vient ordonner de cesser le feu. Plusieurs lignards et mobilisés persistent dans cette défense désespérée : un sergent du 1er bataillon tue à bout portant le premier Prussien qui débouche dans la rue. Une jeune cantinière de la mobile, les cheveux en désordre, court au devant de l'ennemi, un poignard à la main.

Les Prussiens arrivent en foule et crient de jeter bas les armes ; un sous-lieutenant refuse de donner son revolver à un de leurs chefs et le jette violemment à terre ; le coup part et ceux-ci, croyant à quelque nouvelle résistance, font une décharge très meurtrière. Enfin, il fallut se rendre, car notre petit groupe était hors d'état de continuer la lutte.

A coups de crosses, on nous pousse dans une grande ferme. Sur la gauche est une ambulance improvisée contre laquelle on nous range. Quelques coups frappés sur une vitre, restée entière par miracle, me font tourner la tête : c'est un soldat de ma compagnie, blessé à la main, qui me fait signe d'entrer. Là, je vois un camarade étendu sur un peu de paille, le corps et le bras gauche traversés de part en part. Il veut me parler et le sang s'échappe à flots de sa bouche; je comprends par quelques signes, qu'il me recommande d'aller voir sa mère, s'il m'est possible, et de lui porter ses adieux. Près de lui, un artilleur, de vingt ans à peine, a les deux jambes enlevées; l'aide-major, que j'interroge du regard, me fait signe que tout est fini pour le pauvre martyr.

« Sortez ! sortez ! » crient plusieurs voix rauques. Les Prussiens m'arrachent à ce triste spectacle et nous sommes conduits à dix minutes du village, dans un chemin rempli de cadavres, d'armes et de débris de toutes sortes ; une longue colonne de prisonniers nous y a précédés : marins, lignards, chasseurs, mobiles, mobilisés, tout est là pêle-mêle. Nous comprenons alors toute l'étendue du désastre.

Pendant ce temps, les mobilisés du 1er bataillon qui ont échappé à la manœuvre dont nous avons été victimes, arrêtent quelques instants encore les efforts de l'ennemi, en tiraillant dans un enclos situé à l'extrémité du village, puis ils se replient dans un chemin creux, distant d'un kilomètre de Francilly. Plus de la moitié des hommes ont disparu s ma compagnie, cinq sous officiers manquent à l'appel : deux sont blessés grièvement, trois sont prisonniers.

Après une distribution de cartouches, ordre arrive de marcher sur le faubourg St Martin, par la route de Vermand. A la hauteur du faubourg, un aide-de-camp vient transmettre au lieutenant-colonel Loy l'ordre d'envoyer sur-le-champ à Rocourt quelques compagnies, destinées à protéger la retraite de l'armée, en tenant en échec la colonne ennemie qui arrive par la route de Ham.

Une discussion s'élève à ce sujet entre l'officier d'ordonnance et le lieutenant-colonel. Celui-ci fait remarquer avec raison que pour la seconde fois de la journée ses hommes vont aller au feu, alors que plusieurs régiments n'ont pas donné pendant la bataille, l'aide-de camp répond qu'il est impossible d'employer ces régiments, qui depuis longtemps ont suivi le mouvement de retraite. Le commandant Levézier est alors chargé de se porter sur Rocourt avec les 2e, 3e et 4e compagnies. Elles y sont reçues par une fusillade incessante qui pendant deux heures ne leur laisse aucun répit. Cette fusillade est telle de part et d'autre, que plusieurs fois les mobilisés sont forcés de laver leur chassepot dans les flaques d'eau de la route, tant le canon en est encrassé.

A la faveur de cette résistance héroïque, qui se maintient ainsi sur plusieurs points, l'armée défile avec l'artillerie, et les Prussiens ne parviennent à déloger les trois compagnies lilloise qu'en dirigeant sur elles le feu d'une batterie, installée à cet effet à l'extrémité de la route.

Le commandant Levézier fit preuve, cette fois encore, d'une grande fermeté en prolongeant jusqu'aux dernières limites possibles une résistance qu'il lui était loisible d'abréger, en faisant suivre le mouvement rétrograde commencé depuis une heure.

La retraite devient alors un sauve-qui-peut : sur la place de Saint-Quentin, on défile sous l'arche de l'Hôtel-de-Ville, tant les obus ennemis tombent drus à ce moment. Ici chacun suit son inspiration : les uns prennent la route de Cambrai, les autres celle du Câteau. A gauche de la ville, un village est en proie à l'incendie.

Après une marche d'environ 35 kilomètres, les plus solides arrivent à Cambrai, les autres à Masnières, etc., etc., où ils passent le reste de la nuit. Un grand nombre, tombés épuisés sur le bord des routes, sont capturés le lendemain matin par la cavalerie ennemie.

La colonne de prisonniers dont je faisais partie fut dirigée, après une demi-heure d'arrêt, sur la route de St Quentin à Vermand ; il était alors trois heures du soir. Un corps d'armée prussien, venu de Péronne à la fin de la bataille, défile devant nous : Infanterie, cuirassiers blancs, uhlans, artillerie nombreuse. Tout cela arrivé frais et dispos, va écraser nos camarades épuisés de fatigues et de privations. Le général qui les commande a l'air souriant et épanoui; ses officiers d'état-major s'entretiennent très gaiement et poussent des exclamations de joie en voyant notre interminable colonne de prisonniers.

Nous marchons en silence. La plupart, vaincus par la fatigue et le besoin d'aliments, n'ont plus la force de répondre un seul mot aux insolentes et lâches provocations des landwers, qui nous conduisent avec une brutalité révoltante. Plus d'une fois, nous trébuchons sur des cadavres. A l'extrémité du champ de bataille, un jeune sergent de voltigeurs mobilisés gît dans un ravin à côté d'une masse informe, dans laquelle nous distinguons pourtant le buste d'un Prussien, littéralement coupé en deux par un obus. A Vermand, un grand nombre de maisons sont vides; d'autres, incendiées la veille, jettent encore quelques flammes, autour desquelles se pressent des groupes nombreux de soldats allemands poussant des hurrahs. Sur le bord du chemin, un paysan en blouse bleue, la tête brisée, est étendu dans la neige, que son sang a rougie. Ce martyr obscur est sans doute une noble victime du devoir, lâchement assassinée par les reitres de Guillaume. Nous saluons en passant, et nos gardiens, furieux, s'opposent à ce qu'aucun de nous s'arrête devant ce cadavre. Plus loin, comme contraste, un garçon de dix-huit ans environ, à la figure bestiale, verse du cidre à nos vainqueurs et affecte de rire en leur désignant du doigt les plus éclopés et les plus souffrants d'entre nous. Quelques prisonniers, notamment un marin, l'interpellent et lui montrent le poing. Un murmure d'indignation s'élève de toutes parts; quelques cris de Vive la France! échappés de nos poitrines, sont aussitôt réprimés par des coups de crosse, et l'abject paysan continue de verser à boire et de faire ses cyniques singeries.

Des poteaux, avec inscription en allemand, désignent la direction prise par les troupes et le lieu des quartiers généraux établis la veille dans les environs. Après une halte de dix minutes durant laquelle on calme, pour quelques instants, la soif ardente qui nous dévore, avec la neige des fossés ou l'eau fangeuse des flaques d'eau, la colonne se remet en marche sur Péronne par Estrées-en-Chaussées. Ce village est situé à la jonction de la chaussée Brunehaut et de la route de Saint Quentin à Péronne, que l'on nous fait suivre en passant par le Catelet, petit hameau de Cartigny.

De distance en distance, nous sommes arrêtés par des postes prussiens; il en résulte de nombreuses haltes qui permettent aux plus épuisés de suivre tant bien que mal la colonne.

A part quelques officiers, tous les prisonniers marchent pêle mêle, sans distinction d'arme ou de grade. Ici, un mobile soutient un lignard, là, un mobilisé s'appuie sur un marin ; les plus forts aident les plus faibles ; les plus résignés consolent les plus abattus. La plupart cependant sont à bout de forces et, de temps à autre, un juron allemand annonce qu'un des nôtres vient de tomber inanimé sur la route.

Oh, que de cris désespérés se sont échappés de nos poitrines pendant ces jours de douleur, combien les lâches potentats qui décident de la guerre, le cœur léger, ont été maudits par ces malheureuses victimes de leur ambition et de leur folie !

Le pavé glissant de la route accroit encore la fatigue ; beaucoup sont pieds nus, d'autres n'ont conservé de leurs souliers qu'une sorte de sandale, trouée de deux pouces à la semelle. A chaque arrêt, les plus souffrants lavent leurs pieds ensanglantés dans les fossés de la route, lorsque leur gardien, occupé à boire ou à manger, leur laisse un moment de répit.

La nuit, venue depuis quelques temps, rend la marche plus difficile encore. Vers minuit, nous arrivons à Doingt, village situé à trois kilomètres de Péronne,

Les maisons, granges et autres constructions bordant le route, sont crénelées comme des forteresses. De nombreuses barricades encombrent les rues ; mais tous ces détails passent à peu près inaperçus, tant est grande la fatigue. La plapart ne semblent même plus avoir la conscience de leurs actes ; ils dorment en marchant, depuis Doingt, se soutenant entr'eux. Enfin, après une nouvelle heure de marche, nous arrivons dans le faubourg de Bretagne, à Péronne.

On distingue vaguement, comme dans les impressions d'un rêve, ou d'une hallucination, des barricades en assez grand nombre et des patrouilles prussiennes circulant en tous sens En passant sous la porte de Bretagne, les moins exténués jettent un regard furtif sur les fortifications, où nulle trace de boulet ne se découvre. Dans l'intérieur de la ville, un tableau navrant s'offre à nos yeux ; la rue St Sauveur n'est plus qu'un monceau de ruines ; Les Prussiens, se.on leur système plein d'humanité, ont, contrairement aux lois de la guerre, brûlé la ville impitoyablement, sans effleurer les fortifications. L'hospice même, malgré les drapeaux d'ambulance, n'a pu trouver grâce : il n'en reste plus que quelques ruines encore fumanter.

Les habitants se lèvent et parviennent à nous faire passer un peu d'eau et de bière en dépit des Prussiens qui les repoussent à coups de crosses de fusils. Il est une heure du matin. Nos forces sont complètement épuisées par cette marche d'environ 30 kilomètres. Près de moi, un brave garçon, qui s'est montré plein de courage durant la campagne, ne peut retenir les larmes qui lui arrachent ses souffrances. Après une heure environ d'attente, nous sommes poussés dans la rue des Cordeliers. Les officiers forment un petit groupe que l'on dirige sur l'Hôtel-de-Ville ; les soldats, au nombre de plusieurs mille, sont enfermés pêle-mêle, dans la caserne, seul édifice complètement épargné par le bombardement.

Je n'essaierai pas de dépeindre cette nuit, elle est inénarrable ; que le lecteur sache seulement qu'un escalier de 5 mètres environ, dut servir de couche à près de mille hommes, entassés là au milieu d'une obscurité profonde.

20 janvier.

L'aurore apparaît vers sept heures du matin et éclaire faiblement le spectacle extraordinaire que présente notre dortoir improvisé. Entassés par couches les uns sur les autres, il semble que nous formons un immense fourmillement de chair et de boue. Placé près de la rampe sur la couche supérieure, j'ai senti plusieurs fois dans la nuit, des bottes prussiennes se poser sur moi. Non loin de moi, des gémissements de femme se font entendre ; je reconnais la jeune cantinière qui, la veille à Francilly, courait échevelée au devant des Prussiens.

Presque aussitôt on nous rassemble dans la cour de la caserne pour distribuer à chacun un morceau de pain. Ceux qui n'obéissent pas assez vite à l'ordre de se ranger sont battus lâchement. Pour une faute de ce genre, un colosse allemand, à face patibulaire, me lance un formidable coup de poing qui me fait perdre l'équilibre et m'envoie rouler à dix pas, sur un tas de pierres.

Vers neuf heures du matin, nous sommes conduits hors de la caserne et rassemblés en face l'hôtel de ville, où nous rejoignent les officiers. Les maisons de la Grand'-Place sont complètement brûlées ou détruites par les projectiles ; la belle église St-Jean, construction gothique très remarquable, a son clocher percé à jour comme un crible. Les assiégeants, placés sur les hauteurs dominant la ville, en ont fait leur cible pendant toute la durée du siége. Dans la rue Ste Furci-, un grand nombre d'habitants nous apportent ce qu'ils possèdent de vivres ; une dame, dont je regrette de ne pas connaître le nom, se fait remarquer surtout par sa libéralité sans exemple.

Les Prussiens, installés aux fenêtres des maisons restées debout, nous regardent passer en ricanant; la musique d'un régiment, dissimulée derrière les fortifications, joue la marche allemande au milieu des hurrahs et des insultes de la soldatesque; nos vainqueurs, on le voit, ne nous faisaient grâce d'aucune injure.

Nous sortons de Péronne par la porte de Paris, pour être dirigés sur Foucaucourt, par ~~Grand~~ Villers et Estrées, en Santerre. Les paysans nous regardent passer d'un air effaré; quelques-uns, plus hardis, nous offrent un peu de pain et des pommes à cidre, malgré les imprécations des brutes qui nous conduisent. A Estrées, un uhlan blesse d'un coup de lance une femme qui distribuait des vivres sur le seuil de sa maison.

Près du village de Grand Villers, une halte assez longue nous permet de manger le pain qui nous a été distribué. Assis sur le bord d'un fossé, nous causons, pendant ce repas frugal, des souffrances et des privations qui nous attendent encore. A deux pas, par une sorte d'ironie du sort, une façon de bouvier à casque pointu tire de son sac un poulet cuit, un demi-pain blanc, une bouteille de vin et un pot de confitures, engloutit le tout en quelques minutes et allume un londrès en nous faisant lever à coups de pieds.

Vers trois heures du soir, nous arrivons

à Foucaucourt. L'étape a été courte ; on loge les soldats dans plusieurs grandes fermes et les officiers chez M. B.., médecin très estimé dans le pays.

Ce village de Foucaucourt, un de ceux qui ont le plus souffert de nos contrées, est devenu célèbre par les cruautés inouïes qu'y commirent les armées allemandes. Nous empruntons les détails qu'on va lire au beau livre : *L'Invasion en Picardie*, de M. Gustave Ramon, de Péronne :

« Le dimanche 11 décembre 1870, quelques uhlans, qui battaient la campagne en éclaireurs, furent accueillis à coups de fusil dans les bois d'Estrées, où ils perdirent quelques cavaliers ; puis s'étant repliés sur Foucaucourt, ils avaient essayé d'extorquer de la commission municipale quelques réquisitions. Sur le refus de l'autorité, les Prussiens étaient partis, furieux de leur double échec et jurent de tirer vengeance d'Estrées et de Foucaucourt.

» Le mardi suivant, une reconnaissance composée de trente cinq francs-tireurs partis de Péronne de grand matin, et revenant d'une expédition dans les environs, avait fait halte à Foucaucourt, afin d'y prendre quelque nourriture et un instant de repos ; c'était la compagnie franche du marquis de Lameth, d'Hénancourt, près Mailly.

» Vers onze heures, on vint avertir le capitaine de ces volontaires, qui déjeunait alors avec ses officiers à la table de M. Debeauvais-Blondel, le maire provisoire, de l'approche des Prussiens. On se rassemble à la hâte, désireux d'en finir avec ces perpétuels trouble-fête, et les trente-cinq hommes — à l'exception peut être d'un ou deux, qui avaient trop exploré, sans doute.., la cave de leur hôte — vont se poster d'eux mêmes à l'entrée du village, vers Amiens.

« Un brouillard des plus intenses couvrait la terre et masquait complètement les mouvements de la petite troupe, qui dissimule encore sa présence à l'abri des haies qui bordent l'héritage de M. Bourdon. C'est de là qu'arrivée à quelques centaines de pas, la colonne ennemie, forte de 400 hommes environ, au dire des nôtres, fut accueillie par une courte mais violente fusillade. Les Prussiens, surpris et déconcertés, opérèrent un mouvement de recul instinctif qui ne dura qu'un instant, puis ripostèrent par quelques coups de fusil, lâchés au hasard. Les cinq pièces d'artillerie qui les accompagnaient furent mises en position derrière la ceinture de haies qui entoure le cimetière, et quelques projectiles furent lancés sur Foucaucourt.

» En présence des forces supérieures qui s'apprêtaient à enlever le village, le détachement français avait détalé au plus vite de la tranchée improvisée qui le dérobait à la vue de l'ennemi et courut chercher un refuge dans les bois de Fay... et ailleurs, car un habitant de Dompierre nous a dit avoir vu arriver chez lui, haletant et couvert de boue, un franc tireur *en sabots*, qui lui demanda la direction de la Somme et le chemin de Cappy. point adopté sans doute par le marquis de Lameth comme ligne de retraite.

» Le village était donc enveloppé, cerné; les innocents allaient payer pour les « coupables. »

» Les Prussiens ne rencontrant plus de résistance aux abords de la chaussée, pénétrèrent dans le village et se précipitèrent dans toutes les habitations. Ces janissaires s'imaginaient avoir encore comme dans le bois de Fay, quelques jours auparavant, essuyé le feu des habitants. De là leur fureur qui tournait au délire. Ils se livrèrent dans les maisons à une véritable débauche de tir. Plafonds, lambris, armoires, portes, croisées, tout leur servit de but. Les caves, les greniers, les granges, étables et écuries, tout fut visité, fouillé, scruté. Le droit de la force régnait en maître. Le mobilier était brisé partout, les animaux gisaient éventrés au milieu de leur litière, les habitants éperdus erraient çà et là, pourchassés à coups de crosse et menacés par les balles. Le masque venait de tomber : la brute apparaissait maintenant hideuse et féroce, comme la bête fauve du Sahara, qui s'abandonne à ses instincts sanguinaires.

» On rejoignit alors (ordre du colonel) à la population mâle de sortir des maisons ; tous les hommes de Foucaucourt durent s'aligner dans la rue. De là, on les conduisit, sous bonne escorte, jusqu'au nouveau cimetière, hors du village. Nous les y retrouverons bientôt.

» En dépit de leurs recherches obstinées, les Prussiens ne découvrirent rien de suspect : pas un franc tireur, pas même un fusil. Et cependant l'ennemi était, si l'on en croit la rumeur publique, guidé dans ses investigations par un ancien habitant du pays, le nommé Gautier Delavenne, trop connu par ses fréquents démêlés avec l'autorité judiciaire. La rage des Allemands, en présence de ce résultat négatif, est à son comble. L'agression étant pour eux un fait palpable, indéniable, il fallait en tirer vengeance, et vengeance éclatante.

» Vont-ils au moins, ces juges sommaires, s'emparer de quelques ôtages et les fusiller pour l'exemple, sur la place publique ?

» Nullement. On a mieux que cela dans le code prussien. L'ordre est donné de mettre le feu au quatre coins du village et de passer par les armes quiconque ferait mine de combattre l'incendie. Pas de hourrahs, allez ! La besogne sinistre va s'accomplir à merveille... et sans bruit.

» Le feu se déclare bientôt à dix endroits

différents, et les flammes, maîtresses de leur proie, font en un clin-d'œil de Foucaucourt un immense foyer d'incendie. Les hommes, arrêtés et gardés à vue, ne sont plus là pour combattre les progrès du fléau, et les femmes, restées seules, affolées de peur, atterrées par la vue de ces incendiaires, de ces assassins dont elles tremblent de devenir, elles aussi, le butin, se voient encore contraintes, le sabre sur la gorge, de donner aux ignobles soldats de Guillaume les allumettes dont i's vont se servir contre leurs propres demeures.

» Ces incendies n'étaient pourtant que prologue du drame.

» Les soldats, animés par le spectacle de la dévastation qui se propage sur Foucaucourt avec l'instantanéité de l'éclair, s'acharnent alors sur l'inoffensive population.

» C'est d'abord un vieillard de 60 ans, malade depuis longtemps déjà, qu'ils trouvent dans son fauteuil, où il s'affaisse bientôt, la poitrine trouée par les baïonnettes ; M. Basset fils, accouru près de son père, essuie un coup de feu ; on pille ensuite sa maison.

» Un autre citoyen, Mouret, Désiré (50 ans), infirme, tombe assassiné.

» M. Lhomme est traîné brutalement à son tour dans la rue, et percé de coups de baïonnette, à la porte de M. Lemoine, aubergiste, où nous avons pu distinguer la trace sanglante des doigts de la victime, crispés par la suprême étreinte de l'agonie.

» Puis, c'est M. Cavillon père, un vieillard encore, dont une balle a traversé le bras, et qui meurt des suites de sa blessure, après amputation. MM. Simon Pezé, Pierre-Alexis Delavenne, et bien d'autres, dont il est inutile de rapporter ici les noms, sont également meurtris de coups et grièvement blessés.

» Mais le plus horrible de tous ces attentats, le voici : c'est l'assassinat, froidement consommé, du jeune Charles Pottier.

» C'était un enfant de dix-sept ans à peine ; surpris dans le moulin où il travaillait, au pied même de sa meule dont le tracas du dehors n'avait pu le distraire, Pottier est saisi par les Prussiens qui feignent de le prendre pour un franc tireur déguisé, et traîné par eux jusqu'à la grange voisine ; et là, ils le fusillent sans pitié, après l'avoir frappé de deux coups de baïonnette, l'un au côté gauche et l'autre au cou.

» Les lâches se ruent ensuite dans la maison et essayent d'en faire sortir Mme Pottier et sa fille, qui ignoraient encore le triste sort du jeune Charles, pour les passer par les armes, dans la grange, sur le cadavre du pauvre enfant. Mais les deux femmes, affolées et pressentant apparemment ce qui leur était réservé, se cramponnèrent avec toute l'énergie du désespoir à la porte de la maison. Heureusement, leurs bourreaux ne purent les en arracher à temps, et elles durent leur salut à cette résistance acharnée que leur avait dicté l'instinct de la conservation.

» Enfin, vers la deuxième heure du soir, les uhlans qui s'étaient éparpillés en éclaireurs dans la plaine qui regarde Péronne, signalèrent au loin un mouvement de troupes françaises. La trompette fit entendre la sonnerie : *en retraite*! Le signal d'alarme fut répété partout, et l'ennemi quitta précipitamment le village, comme un voleur de nuit, regagnant sans doute Amiens, par Marcelcave.

» Et pourtant, ce n'était pas « Grouchy. »

» Les uhlans avaient pris cette fois le Pirée pour un homme. Le brouillard s'étant dissipé, ces éclaireurs avaient cru voir l'avant-garde de notre armée du Nord dans les volontaires de M. Dautrevaux, de Fay, éparpillés en vedettes au fond de quelques silos à betteraves ; les canons de fusils, étincelant au soleil, trompèrent les cavaliers ennemis, toujours vigilants, et arrêtèrent ainsi les Prussiens dans le cours de leurs atrocités.

» Ces derniers évacuèrent donc en toute hâte Foucaucourt en feu, emmenant avec eux tous les hommes et un certain nombre de chevaux et de voitures. Mais, arrivés à la hauteur du nouveau cimetière, le colonel commandant la colonne, instruit par un de ses espions (Wurtembergeois de naissance qui servait, paraît-il, incognito, dans les francs tireurs Laméth) de ce que pas un *civil* n'avait tiré contre les Prussiens, fit relâcher tous les prisonniers, après leur avoir demandé, pour la forme, s'ils avaient pris les armes contre les troupes allemandes : question à laquelle il fut, comme bien on pense, unanimement répondu par un geste énergique de dénégation. Peut-être aussi le détachement ennemi, croyant déjà sentir sur ses derrières plusieurs bataillons de Faidherbe, crut il prudent d'abandonner au plus tôt son encombrante capture, qui ne pouvait que retarder sa marche.

» M. Debeauvais Blondel, maire provisoire, et Bourdon, membre de la commission municipale, furent seuls retenus à titre d'ôtages et conduits à Amiens. Leur élargissement eut lieu quelques jours après sur les démarches instantes des notables de Foucaucourt.

» Et veut-on savoir à quel régiment appartenaient ces compagnies qui accomplirent le haut fait de Foucaucourt ?

» A ce même 4me de ligne, à cette même batterie du 8me d'artillerie du Rhin qui, quinze jours plus tard, devaient s'illustrer encore à Cléry, par leur odieuse complicité dans le meurtre de M. Legrand.

» Ces deux régiments doivent être, en quelque endroit qu'on les rencontre, stigmatisés au front de la tache indélébile du bourreau. Ils furent, en effet, dans nos contrées, les exécuteurs des hautes-œuvres du roi Guillaume, et ce métier infâmant n'a jamais fait rougir de honte ces frères Siamois de l'incendie, du pillage et de l'assassinat.

» Une partie du 8me régiment d'artillerie resta cantonnée, pendant l'armistice, à Foucaucourt ; une de ces batteries fut parquée dans ce même héritage d'où étaient partis les premiers coups de feu, dans l'affaire du 13; la plaine qui avoisine le moulin Pottier « ce nouveau champ de sang, » servit de manège aux cavaliers prussiens, et la population, en deuil, eut à subir pendant deux mois le contact révoltant de leurs incendiaires, de leurs assassins. »

Tel est ce sanglant épisode, qu'on pourrait croire emprunté à l'histoire du moyenâge, tant les détails en sont empreints d'une sauvage cruauté.

Le 20 janvier, c'est à dire plus d'un mois après ce crime, le malheureux village de Foucaucourt était encore tout en ruines, et cependant ses habitants firent tout ce qu'ils purent pour venir en aide aux prisonniers. Dans la ferme où nous étions logés, au nombre d'une cinquantaine de mobilisés et autant de marins et de lignards, quelques pauvres femmes apportèrent, peu d'instants après notre arrivée, un énorme vase rempli de pommes de terre cuites et écrasées. Le sous-officier prussien, commandant le poste de garde, permit à un marin de se mettre à la porte d'entrée pour procéder à la répartition de cette manne inespérée. Le distributeur, comme tous les autres prisonniers, d'ailleurs, avait les mains recouvertes de plusieurs couches alternantes de boue et de poudre, mais on ne regardait pas à si peu de chose dans ce moment de disette; comme la cuiller faisait défaut, il plongea la main dans la marmite et donna à chacun une poignée de *rata* qui fut dévorée en un clin-d'œil. Peu après, un garde de ma compagnie retrouve sur son sac un morceau de viande distribuée à Achiet, le 16 janvier. Sa couleur et son parfum n'ont rien d'engageant, car il a traîné un peu partout, depuis quatre jours; mais nous n'avons pas le droit d'être difficiles. Un petit feu allumé avec de la paille et quelques branches mortes que nous trouvons dans la cour, voilà pour la cuisson, et chacun obtient de cette nouvelle aubaine quelques bouchées qui réconfortent un peu les estomacs. Malheureusement, nous ne trouvons rien à boire, car le fermier refuse opiniâtrement de vendre son cidre.

A la tombée du jour, un ecclésiastique vient distribuer un peu d'argent et informe qu'il veut bien se charger de lettres et de commissions pour les familles. Chacun écrit ou fait écrire quelques mots aux siens, sur le papier qu'il peut se procurer. Par suite de quelque accident, sans doute, ces lettres n'arrivèrent malheureusement à Lille que vers la fin de février, c'est à à dire plus d'un mois après leur envoi.

La soif ardente qui nous dévore augmente à mesure que nous voyons les Prussiens descendre les uns après les autres dans la cave et en remonter des pots de cidre qu'ils boivent avidement. En vain, nous offrons des prix impossibles pour quelques pots de cette boisson frelatée, le fermier s'entête à repousser nos prières ; je regrette de ne pas connaître le nom de cet homme qui fait tache dans la patriotique bourgade, car je l'eusse volontiers livré à la vindicte publique.

Le chef de poste prussien, qui comprenait un peu de français, fut à la fin si indigné de cette scène, qu'il prescrivit à deux de ses hommes de descendre à nouveau dans la cave et de nous rapporter plusieurs brocs de cidre ; je laisse à penser si l'on fit fête à l'apparition de la liqueur tant désirée.

Tout autre fut l'hospitalité que reçurent les officiers prisonniers, chez M. le docteur B.., qui se multiplia, ainsi que sa famille, pour procurer à ses hôtes inattendus tout le confortable possible ; cette patriotique attitude déplaisait fort à nos gardiens, envers lesquels, au contraire, le docteur B... était d'une froideur extrême. Dans la soirée, un des officiers prussiens, par bravade sans doute, alla vers Mlle B... et se permit un geste familier; il reçut à l'instant de la courageuse fille un éclatant soufflet, accompagné de cette apostrophe foudroyante : « Il n'y a donc décidément que des lâches en Allemagne! »

Les quelques officiers français dont je tiens ces détails parlent toujours avec admiration de cette patriotique famille.

21 janvier.

La nuit a été bonne pour tous : huit heures de repos nous ont remis un peu de nos fatigues. A neuf heures du matin, on reprend la route pour l'Allemagne. Entre Foucaucourt et Warfusée-Abancourt, séparés par une distance de quatorze kilomètres, nous croisons une colonne prussienne accompagnée de bagages et de voitures d'ambulance. Vers trois heures, la longue file de prisonniers entre dans Villers-Bretonneux, grand bourg très commerçant du département de la Somme.

A notre arrivée, les hommes de tout âge et de toutes conditions, les femmes, les jeunes filles, les enfants rangés le long de la grand'route, agitent leurs mouchoirs et nous tendent la main. Il y a sur tous ces visages inconnus, un reflet de sympathique pitié que nous n'avions pas rencontrée jusqu'ici.

Le curé parcourt nos rangs et distribue de l'argent aux plus pauvres, des consolations aux plus abattus, de l'espoir à tous, et, malgré les menaces de nos gardiens, les habitants nous passent comme ils peuvent. des vivres et même des pièces de monnaie.

Notre colonne fut divisée en trois groupes : l'un casé dans une fabrique dont un corps de bâtiment était inoccupé, les deux autres dans de grandes fermes. Un quard'heure après notre installation, le pain, la viande, la bière, le tabac, affluaient à nouveau, car riche ou pauvre, chacun avait tenu à donner son offrande, et le curé, après avoir distribué du tabac aux marins, présidait au partage des vivres, opération très difficile, surtout avec des affamés.

Pendant cette distribution, quelques groupes inspectent les lieux. Au fond de cette vaste ferme, on remarque un toit en reconstruction et une échelle y appuyée. Cette vue suggère aussitôt à plusieurs d'entre nous des pensées d'évasion.

Qu'y a-t-il de l'autre côté ? est-ce la rue gardée par les Prussiens, ou bien une habitation particulière ? telle est la question que l'on se pose anxieusement : «Mon avis, dit l'un de nous, est de le demander au curé ; » on va vers lui, on l'interroge, et le digne pasteur, un prêtre du christ celui-là, répond en clignant les yeux : « Cette échelle n'est pas là par hasard, mes enfants ; pas plus que celle qui est placée dans le jardin, de l'autre côté du mur. » Nous comprîmes et lui serrâmes la main. « Allez, et que Dieu vous guide, ajouta-t-il ; si l'un de vous a besoin de moi, qu'il vienne frapper à ma porte, il sera le bienvenu. »

Cinq minutes après, l'élan était donné. En dépit de la surveillance des sentinelles, les femmes apportaient des vêtements d'hommes sous leurs longs manteaux d'hiver, les hommes déguisés en garçons de ferme en faisaient autant Au bout d'une heure, trois cents prisonniers, au moins, avaient mis à profit la voie de salut que leur avait ménagée la sympathie de ces braves gens.

Dans la fabrique, ce fut autre chose : les ouvriers, prévenus à l'avance de l'arrivée d'une forte colonne de prisonniers, dont une partie devait être internés dans le corps de bâtiment attenant à leurs ateliers, avaient eu la prévoyante attention d'apporter d'autres vêtements sous leurs habits de travail. Aussi, lorsque, vers cinq heures du soir, la cloche sonna l'heure du départ, deux cents ouvriers improvisés, mêlés avec leurs nouveaux collègues, passaient à la barbe des Prussiens, occupés par des habitants qui les avaient pris par leur faible en leur payant à boire. Nos gardiens, toujours altérés, étaient bien loin, d'ailleurs, de se douter du tour ingénieux qu'on leur servait.

Evadé avec un caporal de ma compagnie, je fus conduit en lieu sûr pour le moment, par un fabricant du pays, M. Boullenger-Gorret, qui s'est multiplié pour l'évasion d'un grand nombre de nos compagnons d'infortune. Ce généreux citoyen nous reçut avec une effusion touchante et sur notre demande voulut bien nous conduire chez le curé, que nous désirions remercier. Celui-ci était exténué, tant il avait couru de toutes parts. Il nous donna quelques vêtements afin de compléter le déguisement et nous indiqua la route à suivre pour gagner Lille. Au moment où nous nous disposions à sortir du presbytère, deux personnes portant la robe ecclésiastique y entraient ; l'un était le vicaire de la paroisse, l'autre, un sergent-major du 4ᵉ bataillon qui s'était évadé sous ce costume.

On le voit, chacun avait contribué selon ses moyens à cet acte généreux et qui n'était pas exempt de périls. C'est ainsi que près de cinq cents prisonniers purent s'échapper ce jour là ; et lorsqu'on songe au nombre effrayant des hommes morts en captivité, on peut se faire une idée de l'immense service rendu aux familles par les habitants de Villers-Bretonneux qui, dès le lendemain, eurent à supporter tout le poids de la colère et du désappointement de l'ennemi.

Le curé, le maire furent principalement inquiétés ; on leur fit subir toutes sortes de vexations, et, sans leur énergique fermeté, une très forte imposition eût de nouveau frappé la commune.

Nous sommes heureux de pouvoir, cette fois encore, exprimer particulièrement notre vive gratitude à MM. D'Heilly, maire, Deleplanque, curé, Delacour-Colmaire et Boullanger-Gorret, qui, après nous avoir procuré les moyens de fuir, nous cachèrent chez eux malgré les menaces d'incendies publiées par les Prussiens.

Que ces généreux citoyens veuillent bien nous pardonner cette atteinte à leur modestie. Nous croyons remplir un devoir en nous faisant l'interprète de la reconnaissance des prisonniers de Saint-Quentin envers les habitants de leur courageux et charitable pays.

Nous avons eu, dans ces tristes pages, à constater assez de hontes et de défaillances, pour qu'il puisse être permis de signaler à l'admiration publique le nom d'une cité modèle où se sont conservées intactes, malgré de cruelles épreuves, les nobles traditions du patriotisme.

22 janvier.

Sur les conseils de M. Boullenger-Gorret, nous avons passé la nuit à Villers-Bretonneux, et malgré les lits mis à notre disposition par cet hôte hospitalier, il a été impossible à mon camarade d'évasion et moi de fermer l'œil, tant nos appréhensions sont vives, au sujet des périls qui nous attendent le lendemain. Un bon déjeûner réconforte nos estomacs et nous donne quelque force. Vers neuf heures du matin, un voisin vient annoncer que les Prussiens, furieux de la fuite de plusieurs centaines de prisonniers, ont fait arrêter le maire, M D Heilly et exigent une nouvelle contribution de guerre ; qu'ils publient en outre, au son de trompe, dans les rues de la commune, l'ordre de livrer les prisonniers échappés de leurs mains. Si cet ordre n'est promptement exécuté, ajoute l'arrêt, toutes les maisons, indistinctement, qui recéleront des soldats français évadés, seront immédiatement livrées au pillage et à l'incendie.

Peu après, le même voisin, chargé d'aller aux renseignements, nous informe que la colonne de prisonniers vient de se mettre en route dans la direction d'Amiens. Ces pauvres camarades dont un hasard heureux nous avait séparés, eurent bien à souffrir dans la suite. Voici le récit succint de leurs tristes pérégrinations :

22 janvie. — Voyage à pied de Villers-Bretonneux à Amiens, où ils sont enfermés quelque temps dans la gare des marchandises. Un digne patriote amiénois, M. Mathiote, maître d'hôtel, vient leur distribuer des vivres en grande quantité. D'Amiens, les prisonniers, er tassés les uns sur les autres, dans des fourgons à bestiaux, sont dirigés sur Chantilly, où ils passent la nuit dans lesdits fourgons.

23 janvier. — De Chantilly à Reims. Nuit passée également en wagons.

24 janvier. — De Reims à Mézières, Sedan, Carignan et Thionville. Près de cette dernière gare, une collision a lieu avec un autre train et jette une panique effrayante parmi les prisonniers, qui se figurent que les Prussiens veulent se débarrasser d'eux. Un certain nombre se jettent en bas des fourgons et sont couchés en joue par leurs gardiens. Les plus maltraités dans ce déplorable accident, sont transportés à l'hôpital de Thionville.

25 janvier. — De Thionville à Metz, Longuyon, St-Avold, Forbach et Sarrebruck.

26 janvier. — De Sarrebruck à Coblentz où, dès l'arrivée de l'énorme colonne de prisonniers, les officiers sont internés en ville et les sous-officiers et soldats dirigés dans les camps de St-François et de Car-

thos, situés à l'extrémité de la ville, l'un sur la rive gauche, l'autre sur la rive droite de la Moselle. Les barraquements dans lesquels ces derniers sont logés par groupes d'une centaine, sont humides et malsains à tel point, qu'au bout de quinze jours, un grand nombre atteints de pneumonies, de bronchites et de dyssenteries, entrent à l'hôpital. On peut se faire une idée de l'effroyable mortalité qui régnait dans le camp de Coblentz, en notant que sur vingt prisonniers appartenant à ma compagnie, trois moururent après un mois de détention. La mauvaise nourriture, d'autre part, contribua aussi à cette mortalité. Les aliments quotidiens se composaient de pain très noir et d'une sorte de bouillie dégoûtante, faite de farine d'avoine. Une fois la semaine, on distribuait à chaque homme environ 20 grammes de lard, assaisonné de légumes secs, ragoût de luxe qui répugnait tout autant.

Les hommes valides travaillaient à des ouvrages de terrassement, ou étaient employés, dans l'arsenal de Coblentz, à préparer des obus destinés à leurs compatriotes. Ce lâche raffinement de vengeance ne fut pas une des moindres douleurs de la captivité qui dura, pour les soldats de l'armée auxiliaire, jusqu'au 21 avril 1871.

On le voit, les misères endurées par nos pauvres compagnons restés captifs, sont de celles dont le souvenir est ineffaçable.

Heureux ceux qui ont pu en triompher et revoir leur chère France !

Malgré les vives instances de notre hôte et de sa famille, nous prenons le parti de quitter immédiatement Villers-Bretonneux, afin de ne pas exposer plus longtemps la maison au pillage. M. Boullanger, qui après nous avoir procuré les moyens d'évasion, nous a habillés, hébergés, couchés, en dépit des menaces prussiennes, ne considère pas son devoir comme terminé ; il veut encore à tout prix nous conduire jusqu'à Corbie, d'où il nous indiquera la meilleure route à suivre. En vain, nous le supplions de ne pas exposer plus longtemps des jours précieux à sa famille, le courageux citoyen persiste dans sa résolution de nous accompagner, et nous partons vers onze heures du matin.

La route de Villers-Bretonneux à Corbie se fait sans aucun incident. A environ un kilomètre de Corbie, notre guide apprend par un habitant du pays que les Prussiens, arrivés en foule dès le matin, y sont occupés à couper les ponts de la Somme et à s'emparer de tous les bateaux.

Que faire ? Retourner à Villers-Bretonneux n'est plus possible. Nous errons au hasard à travers les petits marais, les fossés boueux et sur les bords de la rivière, qu'il nous faut franchir à tout prix. Enfin, un brave paysan devine notre position critique et nous mène vers un vieux bateau depuis longtemps enfoncé dans la vase ; le retirer, le remettre à flot est l'affaire d'une demi-heure, et nous traversons ainsi la Somme tant bien que mal.

Après mainte alerte, tantôt en nous courbant quand le terrain est trop à découvert, tantôt en nous dissimulant, au moindre bruit, derrière les quelques monticules échelonnés dans la plaine, nous touchons à la gare de Corbie. Le premier personnage que nous y apercevons, gardant un petit passage connu seulement des habitants du pays, est une sentinelle prussienne dont le pas lourd et mesuré résonne à nos oreilles d'une sinistre façon. Il était urgent de nous mettre au plus vite à l'abri ; on nous donne asile dans une maison de tisserand, où les femmes se prennent à pleurer de compassion à l'aspect de notre pâleur livide et de notre triste équipage.

Cependant, notre guide ne perd pas courage ; il nous recommande de nous tenir cachés chez ces braves gens et va seul à la découverte du côté de la gare, où il a cru voir un mouvement de troupes. En effet, peu de temps après, il revient nous annoncer, en tremblant de joie, que les Prussiens, informés du passage de soldats évadés à l'endroit dit le Pont de l'Ecluse, se replient de ce côté. — Nous profitons aussitôt de cette bienheureuse nouvelle ; la ligne du chemin de fer est franchie en quelques bonds et nous courons, sans regarder derrière, dans la direction de Querrieux. A quelques kilomètres de Corbie, M. Boullanger, notre guide, trouve un vieux paysan qui consent à son tour à nous conduire. Après lui avoir fait maintes recommandations, il nous serre la main et nous dit adieu. C'était bien un adieu, hélas : quelques mois plus tard, le courageux et dévoué patriote succombait à la variole, épidémie importée dans la contrée par les troupes de passage.

Nous traversons tout le champ de bataille de Pont-Noyelle, magnifique site dont nous fuyons les beautés à grands pas, toujours talonnés par la crainte d'être repris. Prudemment nous coloyons Querrieux et La Houssoye, villages très éprouvés dans la bataille du 23 décembre, et arrivons dans la soirée à Béhencourt où le maire nous refuse un laisser-passer.

Béhencourt est encore occupé par quelques Prussiens, aussi notre guide juge-t-il prudent de nous loger à l'extrémité du village, chez son futur gendre, lequel met très obligeamment son lit à notre disposition.

23 janvier.

A quatre heures du matin, le guide vient nous prendre. La nuit est des plus noires et l'on est forcé, pour ne pas trébucher à chaque pas, de se tenir par la main. De bons souliers ferrés achetés à Béhencourt ont remplacé les débris des chaussures fantaisistes de l'administration, et nous aident puissamment dans cette marche pénible à travers les collines de la Somme. Le premier village que nous trouvons dans la direction de Doullens est Beaucourt ; on n'y voit luire aucune lumière, car les paysans dorment encore d'un profond sommeil. Entre Beaucourt et Rubempré, l'aurore se lève pâle et triste, les habitants de ce dernier village nous regardent passer avec une curiosité maligne ; notre costume rustique ne peut les tromper, et l'un d'eux nous adresse à brûle-pourpoint plusieurs questions indiscrètes auxquelles nous répondons en montrant nos bâtons ferrés.

Vers neuf heures du matin, nous arrivons à Beauquesne, grand village très commerçant. Là, notre conducteur nous mène chez un marchand dont il est connu. Ce digne homme nous fait reposer quelque temps chez lui et nous accompagne jusqu'à Terramesnil, d'où nous gagnons Doullens par la grand' route.

L'ancienne ville picarde est plus sombre encore que de coutume, car les Prussiens y font de fréquentes incursions, toujours suivies de pillage. Après un repas pris à la hâte, nous louons une voiture dont le cocher nous a été recommandé par le bon marchand de Beauquesne, et vers deux heures, nous partons pour Arras, après avoir serré la main et fait accepter une gratification à notre guide de Béhencourt. Le cocher qui s'est chargé de nous conduire est un rusé matois qui n'en est pas à son coup d'essai. Vingt fois il s'arrête sur la route, interroge les passants, les cabaretiers, fait faire un détour lorsque quelque uhlan est signalé, et fredonne des refrains grivois pour calmer nos appréhensions. Nous traversons ainsi Mondicourt, Couture et Beaumetz-les-Loges, où, a notre grande joie, nous apercevons des mobiles en avant-postes.

Arras, où nous pénétrons bientôt par Achicourt, est plein de troupes de toutes armes. A sept heures enfin, un train nous ramène à Lille, terme de cette longue et triste odyssée.

Quelques jours après, nous rejoignions à Douai le régiment qui venait d'y être cantonné, après un court séjour à Lambres. L'effectif en était diminué des trois quarts; quelques compagnies, les plus éprouvées, ne comptaient plus dans leurs rangs que dix à quinze hommes. Sur l'ordre du colonel Isnard, appelé à commander notre division, en remplacement du général Robin, les vides furent en partie comblés par des mobilisés tirés des autres légions. Le régiment, grâce à cette mesure, se trouva, en très peu de temps, prêt à rentrer en campagne; mais, il faut le dire, l'enthousiasme y était de beaucoup diminué.

Ici commence la vie de garnison, vie fastidieuse pour des citoyens habitués à l'activité. La tragédie finie, la comédie commençait. Je ne me sens ni le goût ni le courage de la dépeindre.

Après un séjour de quelques semaines à Douai, les trois bataillons furent cantonnés dans les villages environnants : Dechy, Ferrin, Gueulzin, etc., jusqu'au 5 mars, jour du licenciement de la garde nationale mobilisée. On abandonna les différents objets d'équipement dans les cantonnements, et les chassepots furent déposés à l'arsenal de Douai, sous la surveillance des chefs de compagnies.

De là, les mobilisés du 1ᵉʳ régiment de marche, conduits à la gare du chemin de fer, eurent l'honneur d'y être fouillés avec soin par des agents préposés à cette délicate besogne. Il en est parmi eux qui se mirent alors en tête qu'on allait les traduire devant quelque cour criminelle, comme coupables d'avoir défendu leur pays sous un régime républicain. Il n'en fut rien, heureusement. On se contenta de leur faire subir ces petites vexations, restées inexpliquées.

C'est ainsi que le 5 mars 1871, vers quatre heures du soir, les débris du régiment lillois entraient dans la bonne ville de Lille, après trois mois de campagne.

CONCLUSION.

Si le lecteur a pu juger, d'après ce récit fidèle de nos souffrances, combien les gardes nationaux mobilisés ont été calomnié·, ma tâche sera remplie à souhait.

Quoiqu'en aient dit leurs détracteurs, ils ne furent pas inutiles ces citoyens qui, pendant un hiver exceptionnellement rigoureux, quittèrent leur famille, leur foyer, pour prendre part à la lutte désespérée de la patrie agonisante, bravant le froid, la faim, la fatigue, et, plus encore: l'immense découragement qui avait gagné tous les cœurs !

Combien de nos compagnons d'armes, sont morts depuis, des suites de maladies contractées pendant cette rude campagne ? Nul ne pourrait le dire. Ce que beaucoup savent mieux, c'est que leurs insulteurs furent en grande partie ces hommes qui, à l'heure où se jouait dans un combat suprême l'honneur de notre pays, étaient blottis timidement dans quelque sinécure improvisée, ou réfugiés à l'étranger.

Les bons citoyens n'ont pas oublié l'heure solennelle, où nous prîmes les armes. Tout semblait perdu sans espoir : l'héroïque Mac-Mahon, blessé, notre vaillante armée, livrée par le sinistre aventurier de décembre et son digne émule Bazaine, l'ennemi entourant Paris d'un cercle de fer et de feu, et, pour comble de fatalité, les soldats, les armes, les munitions, tout manquant à la fois, pour organiser de nouvelles armées. Ils n'ont pu oublier cela, pas plus qu'ils n'ont oublié la honteuse terreur de laplupart des gens qui, depuis la disparition du danger, ont fait chorus contre la République et les armées citoyennes qu'elle sut improviser.

L'histoire impartiale se prononcera un jour entre les combattants de la dernière heure et ceux qui les calomnient. Nous avons pleine confiance dans son verdict infaillible.

Elle dira, nous en sommes convaincu, que nos phalanges républicaines, mal équipées, mal nourries, armées imparfaitement, ont su, par leur héroïque résistance, commander le respect à l'Europe égoïste et sauver l'honneur du pays.

A. DEVIENNE.

APPENDICE.

APPENDICE.

Relevé des marches du 1er régiment des Mobilisés du Nord.

15 décembre 1870 au 24 janvier 1871.

	Kilomètres.
Lille, Wattignies, Seclin, Carvin, Oignies et Courrière. . . .	19
Miromont, Beaucourt, Aveluy, Albert.	15
Reconnaissances dans les environs d'Albert.	12
Albert à Bray, Cappy, Frise et Chipilly.	17
Reconnaissances à Cappy, Bray, Dompierre, Curlu, Vaux, etc.	35
Retour de Frise et Chipilly à Bray.	9
Reconnaissance à Suzanne et aux environs	15
Bray à Carnoy, Longueval, Lesbœufs, Ligny-Tilloy et Bapaume	28
Bapaume à Sapignies, Béhagnies, Ervillers, Boyelle, Boiry, Agny et Achicourt	24
Achicourt à Boiry, Bailleul et Arleux-en-Gohelle	14

kilomètres.

Arleux en-Gohelle à Izel-les-Esquerchin et Quiéry Lamotte. . .	9
Quiéry-Lamotte à Izel-lez-Esquerchin.	2
Izel à Neuvireuil, Gavrelle, Fresnes les Montauban et retour à Izel.	17
Izel-les-Esquerchin à Neuvireuil, Oppy, Gavrelle, St Laurent-Blangy, St Sauveur et Ronville.	19
Ronville au Petit-Bapaume . . .	1
Petit-Bapaume à Beaurain, Hénin-sur Cojeul et Ecoust-St Mein .	20
Marches sur le champ de bataille (2 janvier 1871)	15
Ecoust-St-Mein à Beugnatre . .	7
Marches sur le champ de bataille (3 janvier 1871)	25
Beugnâtre à Favreuil, Sapignies, Béhagnies, Ervillers, St-Léger, Bussy, Boiry, Becquerelle, Hénin-sur-Cojeul et Neuville-Vitasse.	23
Neuville-Vitasse à Hénin-sur-Cojeul, St-Martin et Guemappes.	9
Guemappes à Wancourt et Mercatel	10
Mercatel à Ficheux et Blaireville .	6
Blaireville à Handecourt-les-Ransart.	3
Handecourt à Boiry, Hamelincourt, Ervillers, Mory, Gomiécourt et Ablainzevelle.	24

	kilomètres.
Ablainzevelle à Achiet	5
Reconnaissance à Puisieux et Miraumont	17
Achiet, Biefvillers, Bapaume, Beaucourt, Bertincourt, Ruyaulcourt, Metz-en-Couture, Fins et Sorel.	30
Sorel, Fins, Heudicourt, Epéhy, Bellencourt, Bellenglise, Vermand et Francilly	32
Marches sur le champ de bataille (19 janvier 1871)	15
Francilly à St Quentin et Douai. Francilly à Péronne et Amiens (prisonniers)	70
TOTAL	**547 k.**

Ordres des généraux Faidherbe et Paulze d'Ivoy

Ordre du jour du général en chef, après la bataille de St-Quentin.

Douai, 21 janvier.

Soldats !

C'est un devoir impérieux pour votre général de vous rendre justice devant vos concitoyens. Vous pouvez être fiers de vous-mêmes, et vous avez bien mérité du pays.

Ce que vous avez souffert, ceux qui ne l'ont pas vu ne pourront jamais se l'imaginer, et il n'y a personne à accuser de ces souffrances, les circonstances seules les ont causées.

En moins d'un mois vous avez livré trois batailles et plusieurs combats à un ennemi dont l'Europe entière a peur. Vous lui avez tenu tête. Vous l'avez vu reculer maintes fois devant vous, vous avez prouvé qu'il n'est pas invincible et que la défaite de la France n'est qu'une surprise amenée par l'ineptie d'un gouvernement absolu.

Les Prussiens ont trouvé dans de jeunes soldats à peine habillés et dans des gardes nationaux des adversaires capables de les vaincre. Qu'ils ramassent vos traînards, et qu'ils s'en vantent dans leurs bulletins, peu importe ! Ces fameux preneurs de canons n'ont pas encore touché une de vos batteries.

Honneur à vous !

Quelques jours de repos et ceux qui ont juré la ruine de la France nous retrouveront debout devant eux.

Le Général en chef de l'Armée du Nord,
L. FAIDHERBE.

Ordre du jour au 22ᵉ corps d'armée.

A l'occasion de la revue qu'il vient de passer, le général en chef charge M. le général de division Lecointe d'exprimer à ses troupes toute sa satisfaction pour les éminents services qu'elles ont rendus à la cause de la défense nationale, pendant les deux derniers mois d'opérations de guerre. Elles ont, par leur admirable énergie, maintenu sauf l'honneur de nos armes, en luttant vaillamment dans des conditions d'infériorité matérielle incroyables.

Aujourd'hui, dans les circonstances douloureuses où se trouve le pays, il nous faut redoubler de dévouement, pour être prêts à tout, soit contre l'étranger, soit en prévision de difficultés intérieures.

Nous avons à sauvegarder la liberté et la dignité nationales; le pays, dont la volonté va être exprimée par la majorité de ses mandataires, doit être maître de ses destinées.

Le devoir des citoyens armés est de faire respecter sa volonté, et je compte sur l'armée du Nord pour l'accomplissement de ce devoir.

Cambrai, le 2 février 1871.

Le Général en chef de l'Armée du Nord,

L. FAIDHERBE.

Ordre du jour du général en chef.

26 février 1871.

Général !

La revue que je viens de passer de votre 2ᵉ division, celle des Mobilisés, m'a permis de constater les progrès remarquables qu'elle a faits, sous le rapport de la tenue, de la discipline et de l'instruction militaire.

Cette division présente aujourd'hui l'aspect le plus satisfaisant ; et aguerrie, comme elle l'est, par la part très honorable qu'elle a prise aux trois batailles de Pont-Noyelle, de Bapaume et de Saint-Quentin, elle constitue dès à présent une force militaire d'une valeur réelle. Veuillez lui transmettre mes félicitations.

Le général en chef,
FAIDHERBE.

Le général, commandant le 23ᵉ corps, a 'h onneur de transmettre à la division les appréciations si justement méritées du général en chef, et d'y joindre toutes les marques de sa satisfaction.

PAULZE D'IVOY.

Ordre du jour à l'occasion du licenciement des gardes nationaux mobilisés.

Gardes-nationaux mobilisés de la région du Nord, vous êtes licenciés par ordre du

Gouvernement. Je ne veux pas vous laisser partir sans vous adresser mes adieux. Vous qui avez rempli du premier jour au dernier, les dures obligations que vous imposait la défense du pays, vous allez rentrer dans vos familles, le cœur plein de la satisfaction que donne à l'honnête homme le devoir accompli. Vous serez honorés par vos compatriotes, et ce sera la légitime récompense de tout ce que vous avez fait et supporté depuis bientôt six mois ; je vous ai bien souvent plaints, dans les souffrances que vous occasionnait une organisation insuffisante, et j'ai reconnu qu'il y avait en vous les éléments d'une troupe d'élite, dont une nouvelle constitution de l'armée saura, je l'espère, tirer parti.

Quant à ceux qui se sont soustraits à l'accomplissement de leur devoir par des moyens coupables, et que n'atteindraient pas les rigueurs de la loi, c'est à l'opinion publique d'en faire justice ; ils ont, dans leur vie, une tache qui ne doit pas s'effacer de longtemps.

Je termine, en remerciant les officiers du zèle et du dévouement qu'ils ont apportés dans leurs fonctions, et grâce auxquels la plupart des légions avaient fait des progrès remarquables.

Le Général en chef de l'Armée du Nord,

L. FAIDHERBE.

Ordre de la division.

Officiers, sous-officiers du 23ᵉ corps,

Je ne me séparerai pas de vous sans vous remercier tous, à quelque degré que vous soyez placés, du concours que vous m'avez prêté pour accomplir la tâche rude et laborieuse que nous avions à remplir, et que vous m'avez rendue si facile.

Nous pourrons être fiers de compter dans notre existence militaire la campagne d'hiver que nous avons faite ensemble, et dans laquelle le 23ᵉ corps a livré cinq combats contre des forces de beaucoup supérieures aux siennes, sans que son moral ait un instant faibli.

Vous allez rentrer, les uns dans vos garnisons, les autres dans vos familles, reprendre les travaux de la paix. Reportez y l'esprit d'ordre et de discipline que vous avez contracté devant l'ennemi. Propagez-y l'amour de la France, de notre pauvre France aujourd'hui si malheureuse ; ne vivez que pour elle ; sachez profiter de la dure épreuve qu'il nous faut traverser, et, Dieu aidant, nous reprendrons un jour dans le monde le rang qui nous est dû.

Quartier-général de Lille, le 3 mars 1871.

Le général de division, commandant le 23ᵉ corps,

PAULZE D'YVOY.

TABLE

	Pages.
Préface	3
Pont Noyelles	7
Bapaume	59
Saint Quentin	122
Conclusion	183
Appendice	187

Lille, imp. J. PETIT, rue Basse, 54.